Überblick MEDIEN

101 mal Dortmund mit Kindern

101

Vorwort

Liebe Leserinnen und Leser,

man glaubt, seine Stadt zu kennen – und dann wird man Mutter oder Vater. Plötzlich sucht man Hallenbäder danach aus, ob sie eine Rutsche haben. Man schaut in Restaurants nicht zuerst nach der Speisekarte, sondern einer Spielecke. Ständig ist man auf der Suche nach Tipps für verregnete Wochenenden, heiße Sonnentage oder Kindergeburtstage. Dieses Buch liefert 101 Ideen, Freizeit mit Kindern in Dortmund zu verbringen. Haben Sie schon einmal einen Schatz mit GPS-Gerät gesucht? Kennt Ihr Kind Capoeira? Wussten Sie, dass es ein Technologiezentrum für Kinder- und Jugendliche gibt?
Berücksichtigt wurden nur Orte, die zu Redaktionsschluss – Oktober 2014 – zugänglich waren. Das Naturkundemuseum, das bis Ende 2016 komplett umgebaut wird, oder das Fußballmuseum, das 2015 eröffnet, tauchen nicht auf. Besonders gekennzeichnet haben wir Orte und Aktivitäten, die Arrangements für Kindergeburtstage bieten, ein gastronomisches Angebot haben, mit Kinderwagen zugänglich oder kostenlos sind. Auf den jeweils rechten Seiten finden Sie Adressen, Anfahrtswege, Öffnungszeiten oder Eintrittspreise sowie besondere Tipps der Redaktion.
Bereits im vergangenen Jahr erschien „101 mal Dortmund“, ein Stadtführer voller Geschichten rund um besondere Orte. Auch dieser Nachfolge-Band entstand in Kooperation mit der Dortmunder Stadtredaktion der Ruhr Nachrichten. Das Gros der Fotos stammt von Dieter Menne und anderen RN-Fotografen. Wir wünschen Ihnen und Ihren Kindern viel Spaß beim Lesen und Entdecken!

Stellvertretend für das Autorenteam:
Beate Dönnewald und Katrin Pinetzki (rechts)

Inhalt

Eintauchen in andere Welten

Tiere treffen

Fortbewegen mal anders

Natur erforschen

Spielen und Bewegen

001 Besucherbergwerk Graf Wittekind

ab 6

In dem Schaubergwerk am Nordwesthang des Sybergs erleben Familien, wie sich Bergbau im 19. Jahrhundert anfühlte. Die 300 Meter langen Stollen sind eng, niedrig und schmutzig - doch eine Führung ist eindringlicher als jeder Sachkundeunterricht.

Als 1987 die letzte Zeche in Dortmund schloss, endete die Geschichte des Steinkohleabbaus in Dortmund – eine Geschichte von mehr als 700 Jahren. Schon ab dem Jahr 1296 soll in Dortmund Kohle abgebaut worden sein. Das weiß man jedoch nur aus Urkunden – die ältesten, heute noch sichtbaren Relikte stammen aus dem 16. Jahrhundert. Im Syberg gab es insgesamt drei Stollen; der erste entstand 1582. Der Stollen Graf Wittekind ist der dritte, er war von 1858 bis 1878 in Betrieb. Hundert Jahre später kümmerten sich Ehrenamtliche vom Förderverein Bergbauhistorischer Stätten Ruhrrevier um das Stollenbergwerk, restaurierten es und stellten es als Schaubergwerk wieder her.

Wer bei dem Wort „Bergwerk“ Fördertürme und schwere Maschinen im Kopf hat, muss umdenken. Im Bergwerk Graf Wittekind gibt es keinen Förderkorb. Der Stollen-Eingang ist in den Berg gehauen und keinen Meter hoch – wer hindurch will, muss sich bücken, einige Meter später auf den Knien oder auf dem Bauch durch den schmutzigen und schon nach wenigen Metern stockdunklen Gang kriechen. Doch keine Sorge, die kundigen Führer verteilen vorher alles, was man für das Abenteuer unter Tage braucht: Helm mit Lampe, Overall samt Handschuhen und Knieschützern.

Die Tour unter Tage führt aufwärts, bis nah unter das Kaiser-Wilhelm-Denkmal. Wer am Ende noch Energie hat, darf konservierte Energie mitnehmen – und ein paar Brocken Kohle aus einem Flöz hauen. pin

Adresse erreichbar über den Syburger Bergbauweg, Startpunkt: Infotafel am Eingang des Casino-Parkplatzes, Hohensyburgstraße 200 **Anfahrt** Buslinie 444 (Casino); begehbar nur samstags auf Anfrage: Tel. 71 36 96 (nach 17 Uhr) **Kosten** Spende an den Förderverein Bergbauhistorische Stätten

002 Borusseum und Signal Iduna Park

ab 4

Im Borusseum im Signal Iduna Park tauchen die Besucher in eine schwarzgelbe Welt ein: In dem Vereinsmuseum dreht sich alles um Dortmunds größten und erfolgreichsten Fußballverein, den BVB.

Auch wenn die 80.000 Plätze des Stadions gerade nicht besetzt sind, im Borusseum kommt trotzdem Fußball-Atmosphäre auf. Die Gesänge der Südtribüne erklingen auf Knopfdruck. Und dann kann die Reise durch die schwarzgelbe Geschichte auch schon losgehen. Im Wirtshaus „Zum Wildschütz" ist's urig: Der Nachbau erinnert an den Gründungsort des BVB.

Jede Station der Ausstellung ist nach einem wichtigen schwarzgelben Ort benannt – es gibt die Weiße Wiese, die Rote Erde, den Borsigplatz, das Westfalenstadion. Und überall thronen Sammelstücke und Raritäten. In der Schatzkammer funkeln all die Trophäen, die der BVB schon gewonnen hat, und nebenan, im Kino, sehen die Besucher noch einmal die schönsten Tore, die eindrucksvollsten Momente, die größten Erfolge. Eine schwarzgelbe Landkarte zeigt Orte, an denen der BVB schon Fußball gespielt hat. Und in der Karaoke-Box wird gemeinsam gesungen: Hier können auch die Kleinen schon einmal die wichtigsten BVB-Fangesänge lernen und die „gelbe Wand" mit Videos und Exponaten zur Fankultur bestaunen.

Das Museum ist überschaubar – doch gibt es so viele kleine Überraschungen und Attraktionen, dass man sich einen ganzen Nachmittag dort aufhalten kann.

Der Signal Iduna Park wurde 1974 unter dem Namen Westfalenstadion eröffnet, das Borusseum im Signal Iduna Park gibt es seit 2008. Es liegt in der Nordost-Ecke des größten deutschen Fußballstadions. Der Name setzt sich aus „Borussia" und „Museum" zusammen. joo

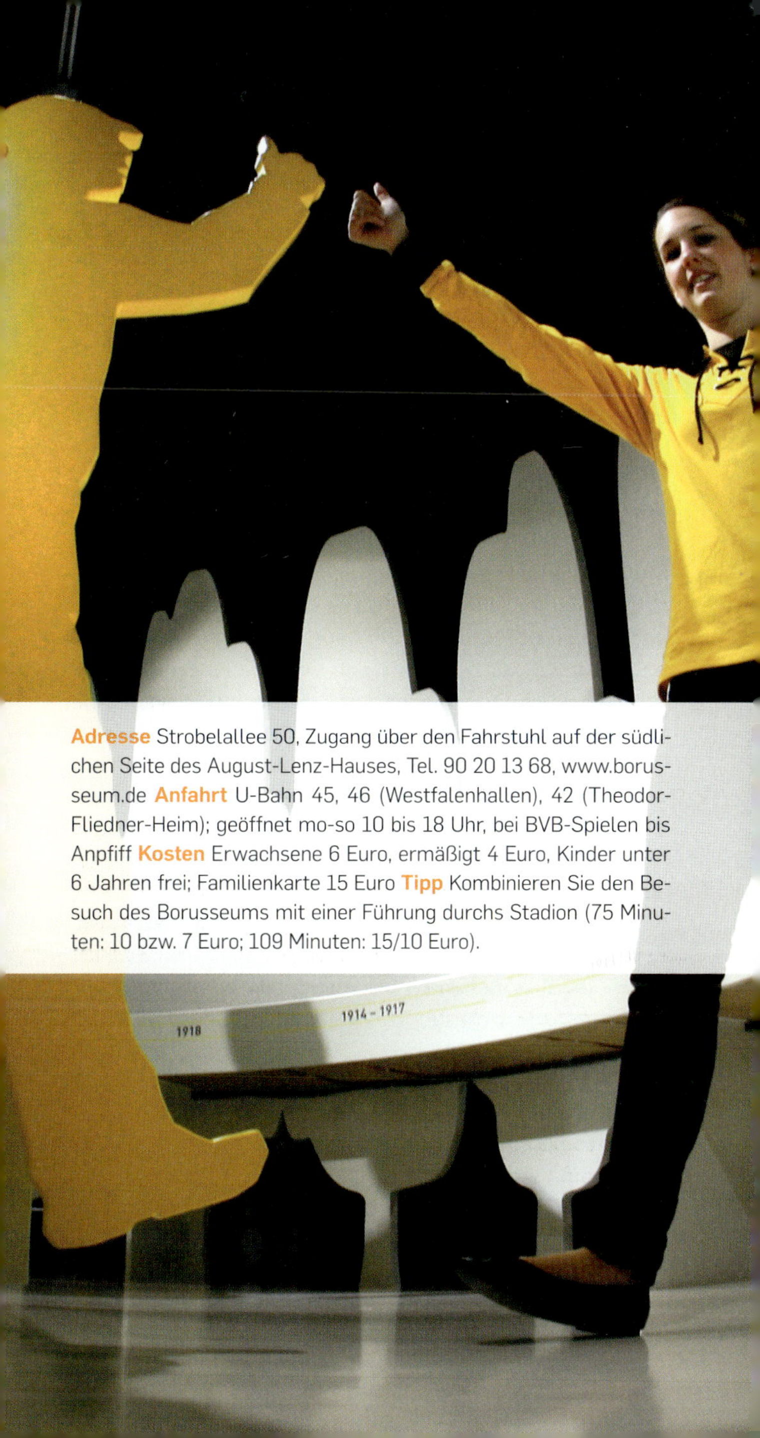

Adresse Strobelallee 50, Zugang über den Fahrstuhl auf der südlichen Seite des August-Lenz-Hauses, Tel. 90 20 13 68, www.borusseum.de **Anfahrt** U-Bahn 45, 46 (Westfalenhallen), 42 (Theodor-Fliedner-Heim); geöffnet mo-so 10 bis 18 Uhr, bei BVB-Spielen bis Anpfiff **Kosten** Erwachsene 6 Euro, ermäßigt 4 Euro, Kinder unter 6 Jahren frei; Familienkarte 15 Euro **Tipp** Kombinieren Sie den Besuch des Borusseums mit einer Führung durchs Stadion (75 Minuten: 10 bzw. 7 Euro; 109 Minuten: 15/10 Euro).

003 Campingplatz Hohensyburg

0-101

Die Kinder sind urlaubsreif, doch die nächsten Ferien lassen noch auf sich warten? Wie wäre es dann mit einem Bettenwechsel am Wochenende: Übernachtung auf dem Campingplatz Hohensyburg, nur wenige Kilometer von zu Hause entfernt und doch ganz anders? Das geht sogar, wenn Sie kein Zelt haben - in einem Camping-Fass.

Dortmunds einziger Campingplatz liegt hoch oben im Süden, umgeben von Wald, mit Blick auf den Hengsteysee. Dort gibt es nicht nur Jahrescamper und Platz für Wohnmobile, sondern auch eine Zeltwiese. Sie ist etwa so groß wie zwei Fußballfelder, liegt auf einem Plateau und ist terrassenartig ausgebaut – der perfekte Ort zum Ballspielen oder Stockbrot backen, ein guter Ausgangspunkt für Nachtwanderungen oder Walderkundungen am Tage, oder einfach ein Ort zum Entspannen, während die Kinder auf dem Spielplatz oder dem Bolzplatz herumtollen.

Morgens gibt es frische Brötchen am Kiosk, später selbstgebackenen Kuchen, und die Gaststätte „Zur Lennemündung" direkt am Platz hat einen großen Biergarten.

Wer kein Zelt hat oder lieber auf richtigen Matratzen liegt, kann sich eine Nacht im kuscheligen Camping-Fass gönnen. Kinder werden es lieben: Das Camping-Fass sieht aus wie eine überdimensionierte, auf der Seite liegende Tonne aus Holz. Innen bietet sie ein zwei mal zwei Meter großes, gemütliches Familienbett, einen ausziehbaren Tisch und zwei Bänke. Am besten ist jedoch das, was das Fass nicht hat: keinen Fernseher, keinen Computer, kein Internet. Gute Erholung! pin

Adresse Syburger Dorfstraße 69, Tel. 77 43 74, www.camping-hohensyburg.de **Kosten** Übernachtung im Zelt pro Person: 1 Erwachsener 10,50 Euro, ab 2 Erwachsene 8,50 Euro, Kinder (3-10 Jahre) 6,50 Euro, Kinder unter 3 Jahren inkl. Zelt frei. Auto am Zelt: 3 Euro. Übernachtung im Campingfass: 37 Euro pro Nacht

004 DASA Arbeitswelt Ausstellung

ab 5

In der DASA kann man mit allen Sinnen erleben, wie Menschen arbeiten - gestern, heute und in Zukunft. Die Arbeitswelt Ausstellung ist so riesig, kurzweilig und spannend, dass man sich nach jedem Besuch fragt, warum man eigentlich nicht viel häufiger kommt. Die Lösung: eine Dauerkarte.

In der DASA kann man mit einem Minibagger baggern, im „Space Curl“ in der Luft herumwirbeln oder zum König bzw. zur Königin der Landstraße werden: Ein LKW-Simulator mit originaler Geräuschkulisse und echtem Fahrgefühl schafft ein wenig Trucker-Romantik. Selbst trockene Themen wie „Transportsicherheit“ werden spannend aufbereitet: Große und kleine Besucher fahren mit dem „DASA-DROM“ wie in einer Geisterbahn durch ein gruseliges Warenlager, in dem Regale umkippen oder Stolperfallen liegen. Eine Reise in den Gehörgang macht Geräuschquellen sichtbar und zeigt, was 85 Dezibel bedeuten. In einer historischen Tram erfahren Kinder, wie Straßenbahnfahren vor mehr als 80 Jahren funktionierte, als der Fahrer noch stehen musste.

Das schwerste Ausstellungsstück ist der sogenannte E-Ofen: ein zehn Meter hohes, Ungetüm, überzogen mit einem Gewirr aus Leitungen, Gerüsten und Türen. Wenn er loslegte, war der Geräuschpegel so hoch wie beim Start eines Düsenjets. Unter diesen Bedingungen haben Dortmunder Stahlwerker 30 Jahre lang Stahl geschmolzen – auch so kann man Kindern Industriegeschichte nahe bringen.

Unmöglich, die zwölf Abteilungen an einem Tag zu schaffen. Wer die „Familien-Rallye“ macht, hat gleich einen praktischen Leitfaden durch die Ausstellung an der Hand – den Rallyebogen gibt es an der Info. Ein Muss ist auf jeden Fall der Besuch der Kinderbaustelle, in der die kleinen Bauarbeiter Wände hochziehen, Dächer decken und Leitungen verlegen – oder auf dem Gerüst herumklettern. pin

Adresse Friedrich-Henkel-Weg 1-25, Tel. 90 71 24 97, www.dasa-dortmund.de **Anfahrt** S 1/21 (Dortmund-Dorstfeld-Süd/DASA); geöffnet di bis fr 9-17 Uhr, sa/so 10-18 Uhr **Kosten** Ticket 5 Euro, ermäßigt 3 Euro, Kinder unter 5 Jahren kostenlos, Familien-Jahreskarte 22 Euro für zwei Erwachsene und drei Kinder

005 Familienkonzerte der Dortmunder Philharmoniker

0-2 | ab 6 | 3-6

Ihre Konzerte seien für alle von 0 bis 110 Jahren, werben die Dortmunder Philharmoniker. Das ist nicht übertrieben. Das 102-köpfige Orchester unter Generalmusikdirektor Gabriel Feltz bietet auch Konzerte für Babys, Kinder und Jugendliche.
Wie Geige, Klarinette und Trompete klingen, weiß nahezu jedes Grundschulkind dank Jeki („Jedem Kind ein Instrument"). Dennoch ist es für Kinder meist überwältigend, einmal ein großes, professionelles Orchester zu erleben. Und damit kann man nicht früh genug beginnen!
„Stillen statt still sitzen" heißt es beim Babykonzert im Konzerthaus: Fast alles ist erlaubt. Die Kinder brabbeln und krabbeln auf ihren Kuscheldecken, trinken oder schlafen. Und sie kommen den Musikern ganz nah: Statt im Zuschauerraum sitzen Eltern und Kinder auf der Bühne, direkt neben den Musikern, die in kleinerer Besetzung Wiener Klassik spielen – das mögen Babys besonders. Drei Babykonzerte bieten die Philharmoniker pro Spielzeit (pro Jahr).
Wer den Babykonzerten entwachsen ist, wechselt zu den Sitzkissenkonzerten, die im Foyer der Oper stattfinden. Dort dürfen Kindergartenkinder auch mitmachen – zum Beispiel Instrumente bauen oder rhythmisch trommeln.
Kinder von 6 bis 12 Jahren erleben mit ihren Begleitern, wie es in großen Konzerten zugeht. Die vier Familienkonzerte pro Jahr finden im Konzerthaus statt und werden altersgerecht moderiert und interaktiv präsentiert. Das gefällt auch Klassik-Neueinsteigern.
Das Programm der „Konzerte für junge Leute" ist ganz auf Jugendliche und junge Erwachsene zugeschnitten. Da treffen Orchestermusiker auf DJs, spielen Filmmusik oder kombinieren Bernsteins Musical „West Side Story" mit Prokofjews „Romeo und Julia". Schulklassen und größere Gruppen können kostenlos eine Probe besuchen. pin

Adresse Konzerthaus: Brückstraße 21, Tel. 22 69 60, www.konzerthaus-dortmund.de; **Oper**: Theaterkarree 1-3, Tel. 50-2 72 22, www.doklassik.de **Kosten** Babykonzerte: 5 Euro, Kinder frei; Sitzkissenkonzerte: 5 Euro; Familienkonzerte: 7 Euro; Jugendkonzerte: 9 Euro **Tipp** Beim Kartenkauf ist Beeilung geboten – alle Konzertreihen für Kinder sind sehr beliebt! Am besten kauft man sie direkt zu Beginn der Spielzeit, also nach den Sommerferien.

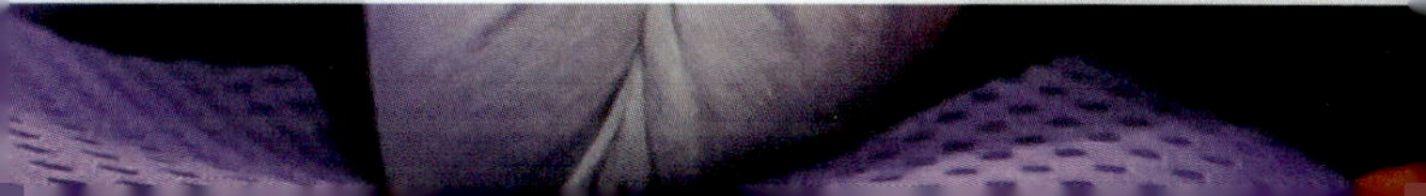

006 Flohmärkte

0-101

Flohmärkte sind doppelt toll: Man kann dort günstig einkaufen, und man kann aussortiertes Spielzeug und knapp gewordene Kleidung zu Geld machen. Besonders lohnend sind die Trödelmärkte in den Parks und die reinen Kinderflohmärkte.
Da ist zum einen „Kinderkram", der Kinderflohmarkt im Depot. Er kostet zwar drei Euro Eintritt, dafür trödelt man geschützt in der schönen, überdachten Halle des ehemaligen Straßenbahndepots. Dazu gibt es ein kindgerechtes Rahmenprogramm: Magier verzaubern die Kinder, Pinguin Pido von der DEW21 schminkt Katzen- oder Spinnengesichter, lädt zum Basteln und bietet eine ruhige Schmöker-Ecke. Ebenfalls in der Nordstadt: Der Flohmarkt nur für Kinderkleidung und Spielzeug im Dietrich-Keuning-Haus, regelmäßig einmal im Monat.
Kindgerecht ist auch der große Trödel im Fredenbaumpark, der zwischen Mai und Oktober etwa einmal monatlich rund um die große Festwiese stattfindet. Wenn der Nachwuchs keine Lust mehr aufs Schlendern und Feilschen hat: Nördlich der Festwiese lockt der Spielplatz, auf dem Teich kann man Tretboot fahren oder rudern.
Ähnlich steht es mit dem wohl beliebtesten und größten Flohmarkt in Dortmund, dem „Flo(h)rian" im Westfalenpark. Der Trödel rund um den Turm findet zwischen April und Oktober alle zwei Monate statt und überwältigt allein durch seine Größe. Auch dort bieten Spielplätze und -geräte ausreichend Ablenkung für trödelmüde Kinder.
An jedem letzten Sonntag im Monat gibt es einen Familientrödel an der Rennbahn in Wambel. Gefeilscht wird im Freien und in der Halle – das macht ihn attraktiv auch an kälteren oder verregneten Tagen. pin

„Kinderkram“ im Depot: ca. 2x/Jahr, Immermannstr. 29, Tel. 900806, www.depotdortmund.de; **Flohmarkt für Kinderkleidung und Spielzeug im Dietrich-Keuning-Haus**, ca. einmal im Monat, Leopoldstr. 50-58, Tel. 50-2 51 45, www.dkh.dortmund.de; **Trödelmarkt im Fredenbaumpark** monatlich Mai bis Oktober, www.dortmund.de; **„Flo(h)rian“** im Westfalenpark, 4x/Jahr, www.westfalenpark.dortmund.de; **Familientrödel** jeden letzten Sonntag/Monat an der Rennbahn Wambel, Rennweg 70, www.dortmunder-rennverein.de. Stände zum Verkaufen zwischen 5 und 20 Euro/Meter.

007 Flughafen

Kinder lieben Flughäfen, auch wenn sie dort in kein Flugzeug steigen. Es reicht schon, Start oder Landung zu beobachten – und einmal in die Flughafen-Maschinerie zu schnuppern. Das bietet der Dortmund Airport.

Bei einer Flughafen-Führung können kleine und große Besucher von April bis November einen Blick hinter die Kulissen werfen. Was passiert mit dem Koffer nach der Gepäckabgabe? Bei der Führung können sie es herausfinden. Genau wie Fluggäste werden die Kinder und ihr Gepäck zuvor durchleuchtet – Flüssigkeiten und scharfe Gegenstände müssen draußen bleiben. In einer Vitrine hat der Zoll ausgestellt, welche Schmuggelware er schon beschlagnahmt hat – unter anderem eine Klapperschlange, eine Schildkröte und seltene Muscheln. Natürlich geht es auch zur Flughafen-Feuerwehr. Dort können die Kinder sich einen gigantischen Panther anschauen – so nennt man besondere Feuerwehrlöschfahrzeuge, die an Flughäfen eingesetzt werden. In verschiedenen Hangars erfahren die Kinder, wie es in so einer Flugzeug-Garage aussieht.

Der Höhepunkt ist für viele Kinder eine Fahrt über die beleuchtete Start- und Landebahn mit ihren grünen, weißen und roten Lampen. Eine Fahrt mit dem Bus, wohlgemerkt – und trotzdem kommen dabei erste Urlaubsgefühle auf.

Die Führung dauert 90 Minuten, anschließend lockt das Flughafenrestaurant „Bella Vista“ mit Blick aufs Vorfeld oder auf die Aussichtsterrasse. Beides – Restaurant und Aussichtsterrasse – sind auch ohne Führung lohnende Ziele. Zu einem Kindergeburtstag am Flughafen gehört nach der Führung ein Kindermenü im Restaurant. pin

Adresse Flughafenring 11, www.dortmund-airport.de **Anfahrt** Bus (Airport-Express ab Hauptbahnhof) **Termine** für Führungen unter www.dortmund-airport.de/flughafenfuehrungen.html oder Tel. 92 13-529 **Kosten** Erwachsene 7,20 Euro, Schüler ab 13 Jahren 6 Euro, Kinder zwischen 3 und 12 Jahren 3,60 Euro **Tipp** Schauen Sie vorher im Internet nach, wann Flugzeuge starten und landen. Im Schnitt gibt es 83 Flugbewegungen am Tag, pro Stunde zwischen einer und sechs. Die meisten Starts und Landungen gibt es zwischen 7 und 10 Uhr und ab 16 Uhr.

008 Jazz für Kinder - Familienkonzerte im domicil

5-11

Jazz mögen nur Erwachsene? Mit der Reihe „SOUNDZZ“ beweist der Jazzclub domicil das Gegenteil. Die monatlichen Familienkonzerte mit professionellen Musikern haben eingeschlagen wie eine Bass Drum.

Eine lange Warteschlange aus Vor- und Grundschulkindern – das ist ein ungewohntes Bild vor der Tür des domicil an der Hansastraße. Bei den Familienkonzerten ist der große Saal meist bis auf den letzten Platz besetzt, die Kinder hocken auf Sitzkissen vor der Bühne.

Mit ihren Konzerten docken die Profi-Musiker daran an, was die Kinder kennen. Bass, Geige oder Gitarre, Grundschülern aus dem JeKi-Unterricht vertraut, klingen im Jazzclub plötzlich ganz anders. Selbst die menschliche Stimme lässt sich auf ungeahnte Weise einsetzen – zum Beispiel als Mund-Schlagzeug, als „Beat Box“. Und ist das nicht das vertraute Kinderlied „Bruder Jakob“, dessen Melodie sich plötzlich aus der Klavier-Improvisation herausschält? Die Kinder lauschen, lachen, viele stehen auf und tanzen zur Musik, die immer wieder von kurzweiligen Erklärungen unterbrochen wird.

Jedes Konzert steht unter einem anderen Motto – mal treten junge Musiker der Dortmunder Glen Buschmann Jazzakademie auf, mal gibt es Weltmusik, mal A cappella, mal geht es um die Kunst der Improvisation. Zur Konzertreihe gehört auch die „SOUNDZZ Klangwerkstatt“, in der Kinder zum Beispiel Instrumente bauen, ein Schrott-Orchester bilden oder sich an Percussions üben.

Auch das Programm für die Großen lohnt sich: Das New Yorker Jazzmagazin DownBeat wählte das domicil mehrfach in die Liste der weltweit hundert besten Jazzclubs; 2010 wurde es beim Live Entertainment Award als einer der drei besten Live-Clubs Deutschlands nominiert. pin

Adresse Hansastraße 7-11, Tel. 86 29 030; www.domicil-dortmund.de **Anfahrt** U-Bahn 41, 43, 44, 45, 47, 49 (Kampstraße); Termine der Familienkonzerte und Workshops finden sich auf der Webseite **Kosten** Familienkonzerte: Kinder 5, Erwachsene 7 Euro

009 Jugendstil Kinder- und Jugendliteraturzentrum

Schreiben und Lesen verlieren im Dorstfelder Schulte-Witten-Haus den Geruch von Schule und Pflichtlektüre. Kreative und interaktive Angebote machen Kindern und Jugendlichen Lust auf Literatur.

Dafür sorgt das Jugendstil-Kinder- und Jugendliteraturzentrum NRW in Kooperation mit der Stadt- und Landesbibliothek. Gemeinsam initiieren sie wechselnde Projekte und Veranstaltungen rund um Literatur. Zum Beispiel zum Thema Märchen: Noch bis Ostern 2015 läuft im Schulte-Witten-Haus die interaktive Literaturausstellung „Pension Grimm". Große und kleine Besucher tauchen in bekannte und unbekannte Märchenwelten ein. Zum Angebot der „Pension Grimm" gehören Schreibwerkstätten, Führungen und Konzeptionstage. Schul- und Kindergartengruppen sind regelmäßig zu Gast, aber auch einzelne Familien sind willkommen: Jeden Mittwochnachmittag haben sie die Chance, Märchenhelden wie Aschenputtel, den Froschkönig oder Rotkäppchen zu treffen.

Die Räumlichkeiten der Dorstfelder Jugendstil-Villa sind perfekt für Literaturprojekte: Wegen der besonderen Atmosphäre und versteckten Winkel finden Kinder und Jugendliche dort leicht einen Zugang zu Geschichten, Texten, literarischen Helden und ihren eigenen inneren Bildern.

Zum Angebot des Hauses gehören Literaturausstellungen zum Mitmachen, Schreibworkshops und Lesenächte. Die Termine werden regelmäßig im Internet veröffentlicht. Auch Dortmunds erste Präsenzbibliothek für Kinder- und Jugendliteratur findet sich in dem denkmalgeschützten Gebäude. Pate des Kinder- und Jugendliteraturzentrums ist der Schauspieler und Tatort-Kommissar Dietmar Bär. Dön

Adresse Wittener Straße 3, Tel. 176 58 81, www.jugendstil-nrw.de **Anfahrt** S-Bahn 1, 2, 4 (Dorstfeld); geöffnet „Pension Grimm" mittwochs 16-18 Uhr (ohne Führung, kein Eintritt). **Führungen** Termine nach Absprache, Kinder ab der Grundschule zahlen 2 Euro

010 Junge Oper

ab 5

Einen eigenen Ort fürs Kinder-Musiktheater – das haben nur wenige Städte. In der Miniatur-Ausgabe des großen Opernhauses machen Kinder nicht nur erste Opern-Erfahrungen, sondern sie können bei einzelnen Produktionen auch mitwirken.
Seit 2008 hat das Opernhaus mit seiner markanten Kuppel Nachwuchs. Die junge Oper steht etwa hundert Meter weiter westlich, trägt ebenfalls eine Kuppel und bietet in jeder Spielzeit zwei neue Produktionen für Kinder ab dem Vor- oder Grundschulalter. Dazu läuft meist ein Stück aus dem Repertoire.

Oper für Kinder – wie kann das funktionieren? Zum Beispiel so wie in „Der kleine Barbier oder Eine haarige Angelegenheit": In der Jungen Oper dauert die Version von Rossinis turbulenter Komödie „Der Barbier von Sevilla" nur kindgerechte 60 Minuten. Es wird mehr gesprochen und verständlicher gesungen als im Original, und die Kinder sind in die Handlung einbezogen. Die Musik jedoch ist die gleiche, allerdings gespielt von einem Kammerensemble. Große Oper für kleine Leute eben, und Theater zum Anfassen, denn die Musiker und Sänger auf der Bühne sind den kleinen Besuchern ganz nah.

Adaptionen berühmter Opernwerke sind aber nur eine Facette im Programm. Ebenso viel Wert legt die Junge Oper darauf, Kindern zeitgenössisches Musiktheater nahezubringen und sie einzubeziehen. Im Opernclub „Tortugas" werden eigene Stücke gemeinsam mit Kindern erarbeitet, die dann in der Jungen Oper zu sehen sind. Ab und zu laufen Produktionen für Kinder auch auf der großen Opernbühne – die Junge Oper ist eben nicht nur ein Ort, sondern Programm. pin

Adresse Hiltropwall 15, Tel. 50-27 222, www.theaterdo.de **Anfahrt** U-Bahn 41, 45, 47, 49 (Stadtgarten) **Kosten** Karten: 11 Euro, ermäßigt 6 Euro **Tipp** Im Opernclub Tortugas bekommen Kinder Gelegenheit, selbst mitzuspielen, zu singen, schreiben und musizieren. Proben sind donnerstags von 16 bis 17.30 Uhr in der Jungen Oper. Mehr Infos unter Tel. 50-22 413

011 Kinder- und Jugendtheater Sckellstraße

Was Kinder und Jugendliche bewegt, wird an der Sckellstraße auf die Bühne gebracht. Dabei zeigt das Kinder- und Jugendtheater (KJT) in Hörde den jungen Zuschauern die Welt aus anderen Perspektiven.

Rund 200 Zuschauer finden im KJT Platz: 150 im großen Raum und 60 im „Sckelly“, der kleineren Spielstätte. Kinderbuchklassiker werden dort ebenso inszeniert wie Stücke für Jugendliche oder Literatur, die zur Schullektüre gehört. Und so steht Friedrich Schiller auf dem Spielplan neben „Die Kuh Rosemarie“, Stücke von Bertolt Brecht zwischen Märchen oder einer Adaption des erfolgreichen Fantasyromans „Tintenherz“. Sechs bis acht neue Produktionen gibt es in jedem Jahr, die jüngsten Zuschauer gehen noch in den Kindergarten, die ältesten kommen mit ihren Enkeln.

Die Stücke für die Größeren handeln von der Lebensrealität Jugendlicher und junger Erwachsener. Themen wie Migration oder Mobbing, Sucht oder erste Liebe bringt das achtköpfige, spielfreudige Ensemble unter Leitung von Andreas Gruhn phantasie- und humorvoll auf die Bühne. Karten fürs KJT sind begehrt – besonders das Weihnachtsstück, das im Schauspielhaus am Wall gezeigt wird. Am besten schon im Herbst reservieren!

Wer beim Zuschauen Lust aufs Mitmachen bekommt, darf sich beim KJT melden: Im Kinderclub „Sckellynauten“ werden Kinder und Jugendliche eingebunden oder selbst zu Darstellern.

Für die Zukunft ist geplant, die Kinder- und Jugendsparte des Theaters in die Innenstadt zu holen und in einem Neubau mit der Jungen Oper in der „Jungen Bühne Westfalen“ zusammenzufassen. ds

Adresse Sckellstraße 5, Tel. 50-2 72 22 (Tickets und Service), www.theaterdo.de **Anfahrt** U-Bahn U 41 (Karl-Liebknecht-Straße) oder U 47 (Märkische Straße) **Tipp** Kinder und Jugendliche können Theaterbotschafter ihrer Schule, Clique oder ihres Vereins werden. Sie bekommen dann regelmäßig Informationen zum Spielplan und Einblicke in Proben und aktuelle Produktionen.

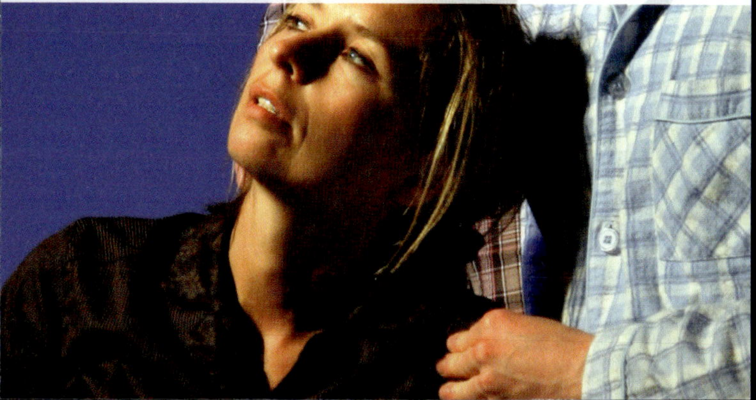

012 Kinderakademie am Klinikum

ab 4

0 €

In der Kinderakademie erklären Ärzte spannend und kindgerecht, wie unser Körper funktioniert. Dabei ist nicht nur Zuhören angesagt, sondern auch Anfassen und Ausprobieren.

Wie sehe ich von innen aus? Warum schlägt mein Herz? Und wie heilt ein gebrochener Knochen? Wenn Kinder Fragen zum Körper stellen, kommen Eltern schnell an ihre Grenzen. Seit einigen Jahren gibt es Hilfe von Experten: In unregelmäßigen Abständen erläutern Prof. Dr. Dominik Schneider, Direktor der Kinderklinik am Klinikum Dortmund, und sein Team kindgerecht medizinische Phänomene und technische Möglichkeiten. Da geht es etwa um Röntgenstrahlen und um Ultraschall, um Babys und die Frage, warum sie manchmal auf sich warten lassen, oder um unseren wichtigsten Muskel, das Herz, das unser Leben lang arbeitet, sogar wenn wir schlafen.

Eine Stunde dauert eine Vorlesung in der Kinderakademie. Dabei müssen die Kinder keineswegs die ganze Zeit zuhören, sondern sie werden selbst aktiv. Zum Beispiel, wenn es um gebrochene Knochen geht. Diagnose- und Behandlungsmöglichkeiten werden anschaulich mit Bildern dargestellt. Dabei erfahren die Kinder, wie und warum ein Knochen verheilt und wann er wieder normal belastet werden kann. An zwei Gipstischen können sie sich anschließend einen Gipsverband anlegen lassen oder sich selbst einen machen. Und natürlich können sie bei den Ärzten all die Fragen loswerden, die ihre Eltern ihnen nicht beantworten konnten. ds

Adresse Beurhausstraße 40 / Stefan-Engel-Platz, im Hörsaal der Kinderchirurgie (4. OG), Tel. 95 32 17 00; www.klinikum-do.de **Anfahrt** U-Bahn 42 (Städtische Kliniken); Termine unter http://bit.ly/1qO1JH8; Anmeldung nicht erforderlich

013 Kinderkino sweetSixteen

Das sweetSixteen weiß genau, was Kinder für einen perfekten Film-Nachmittag brauchen. Das Programmkino im Depot in der Nordstadt hat Programm für Kinder, Jugendliche - und sogar Babys.

Schluckauf, der Frosch, wartet jeden Samstag und Sonntag am Eingang auf die Kinder. Brause und Schokoküsse stehen bereit. Die Kuscheltier-Bande hat es sich längst auf den gemütlichen Sesseln bequem gemacht. Um 15 Uhr heißt es „Film ab". Über die Leinwand flimmert mal Lustiges, mal Spannendes. Manchmal ist es traurig und manchmal verrückt. „Schokokuss und Brause" heißt die Kinderfilmreihe im sweetSixteen. Für sein „herausragendes Kinderfilmprogramm" ist das Kino von der Film und Medien Stiftung NRW bereits mehrfach ausgezeichnet worden.

Auch im regulären Kinoprogramm laufen häufig Filme, die die ganze Familie ansprechen – abseits der großen Hollywood-Produktionen. Und sogar ganz Kleine sind in dem Lichtspielort mit seinen 140 Sitzen willkommen. Für sie – oder vielmehr für ihre Eltern – gibt es das Kinderwagenkino. An jedem ersten Montag im Monat können Eltern mit bis zu 12 Monate alten Babys ab 10.30 Uhr aktuelle Filme anschauen. Die Lautstärke ist dann gedrosselt, der Saal etwas beleuchtet, auf dem Boden liegt eine große Krabbeldecke, und der Kinderwagen wird direkt neben den Sitzen geparkt. Selbst ein Wickeltisch steht im Kinosaal. Die Babys nehmen davon noch nicht viel wahr, doch ihre Eltern haben die Möglichkeit, mal wieder ins Kino zu gehen.

Das sweetSixteen ist ein junges Kino im alten Gebäude: Die Leinwand hängt erst seit 2009 in dem Reserveteillager der ehemaligen Straßenbahn-Hauptwerkstatt. Heute ist das Depot ein Kulturort mit Restaurant, Theater, Galerie und vielen Ateliers. joo

Adresse Immermannstraße 29, Tel. 9 10 66 23, www.sweetsixteen-kino.de **Anfahrt** U-Bahn 41 (Immermannstraße); Kinovorstellungen di-so 16.30 bis 21.30, sa+so ab 14.30 Uhr **Kosten** Erwachsene 6 Euro, ermäßigt 5 Euro, Kinder bis 12 Jahre 3,50 Euro **Tipp** Unbedingt die frisch gebackenen Apfel-Waffeln probieren.

014 Kindermuseum Adlerturm

4-12

Das Kindermuseum Adlerturm ist eine Zeitkapsel: Es katapultiert die Besucher ins Mittelalter, in die reiche und bedeutende Hansestadt Dortmund. Aus- und anprobieren, Nachspielen und Selbermachen sind ausdrücklich erlaubt!
Schon im Eingang geht's los: Wer mag, darf sich umziehen und in mittelalterlichem Gewand durch die fünf Etagen streifen. Oben in der Rüstkammer werden sich viele Kinder gleich noch einmal umziehen, denn dort kann man am eigenen Leib spüren, wie sich eine Rüstung trägt, wie schwer ein Kettenhemd ist und wie viel man durchs Visier eines Ritterhelms sehen kann.

Das Museum ist nicht groß, doch die Besucher tauchen ein mit allen Sinnen. An den Hör-Stationen geht es zum Beispiel um das Leben des Heiligen Reinoldus und die Geschichte der verräterischen Agnes von der Vierbecke. Ein paar Meter weiter ist die Nase gefragt: Wie roch das Mittelalter? Kraft brauchen Kinder und Erwachsene am Flaschenzug: Mithilfe von Teufelskralle und Wolfszahn heben sie schwere Steine. Eine Etage ist der Großen Fehde von 1388/89 gewidmet – dargestellt an einem Spieltisch mit Playmobil-Figuren. Mit Ereigniskarten lässt sich nachspielen, wie Dortmund seinen Angreifern trotzte.

Im Untergeschoss, bei den Jahrhunderte alte Fundamenten, liegt das Skelett eines Mannes, der einst am Adlerturm begraben wurde. Hier greifen die Kinder zum Pinsel und werden selbst zu Archäologen.

Der Adlerturm war früher ein Wachturm, errichtet um 1300 als Teil der imposanten Stadtbefestigung mit 14 Türmen und 6 Torwerken. Wie er tatsächlich aussah, weiß niemand – der heutige Adlerturm ist eine Rekonstruktion aus dem Jahr 1990. pin

Adresse Ostwall 51a, Tel. 50-2 60 31; www.dortmund.de/adlerturm **Anfahrt** U-Bahn 41, 45, 47, 49 (Stadthaus) oder 41, 42, 45, 46, 47, 49 (Stadtgarten); geöffnet di/mi, fr 10 bis 13 Uhr, do+so 10 bis 17 Uhr, sa 12-17 Uhr **Kosten** Erwachsene 2,50 Euro, ermäßigt 1,25 Euro, Kinder bis 18 Jahre frei **Tipp** Freier Eintritt an jedem ersten Mittwoch im Monat. An jedem letzten Sonntag im Monat Familien-Führung. An jedem ersten Sonntag Führungen von Kindern für Kinder.

015 Kindermuseum Mondo Mio

ab 3

Im Kindermuseum Mondo Mio! im Westfalenpark unternehmen Kinder eine Weltreise und tauchen in den Alltag von Kindern auf anderen Kontinenten ein.

Bereits am Eingang begrüßt ein überdimensionaler Globus die Besucher: Hier geht es rund um die Welt. Herzstück des Museums ist die Dauerausstellung, die aus einem Teil für jüngere und einem für ältere Besucher besteht. Der Ausstellungsteil „Weltenkinder“ ist für Kinder von 3 bis 6 Jahren geeignet. „Was brauche ich, um mich überall auf der Welt zu Hause zu fühlen?“ Dieser Frage gehen die Kinder nach und erkunden Gemeinsamkeiten zwischen allen Menschen. Auf dem Marktplatz der Kulturen können die Kinder ein Fest feiern. In der Küche finden sie Gerätschaften und Zutaten aus vielen Ländern für das Festessen. Und wer sich fürs Fest schön machen möchte, kann im Kleiderturm Festtagskleider aus vielen Kulturen anprobieren.

Im Ausstellungsteil „Kinderwelten“ entdecken Besucher ab sechs Jahren an Spiel- und Mitmachstationen, wie Kinder anderswo leben: Wie fühlt es sich an, Wasser aus einem Brunnen zu holen? Was tun, wenn es kein Spielzeug zu kaufen gibt? Warum muss Miguel aus Brasilien wegen der bei uns heiß geliebten Hamburger umziehen? Und: Was kann ich dazu beitragen, dass die Welt lebenswert bleibt?

Neben den Dauerausstellungen gibt es regelmäßig Sonderausstellungen, außerdem Ferienworkshops und wechselnde Reisen in verschiedene Kulturen. So wird die Erlebniswelt auch nach mehreren Besuchen nicht langweilig. Kindergeburtstage gibt es für Geburtstagskinder ab 4 Jahren, zur Auswahl stehen ein Piratenfest, eine „Hexen und Zauberer“-Party, ein Fest rund ums Färben und das Motto „Halbmond und Stern“ mit Spielen und Musik aus der Türkei. ds

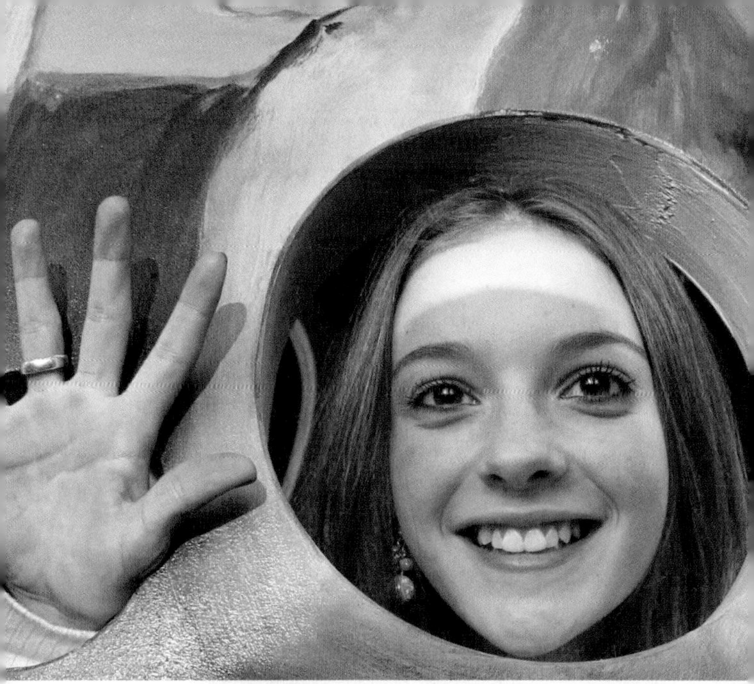

Adresse Florianstraße 2, Tel. 50-2 61 27; www.mondomio.de **Anfahrt** U-Bahn 45/49 (Westfalenpark); geöffnet di-fr 13.30-17 Uhr, sa+so 11-18 Uhr **Kosten** Eintritt Kindermuseum frei. Für Kinder ab 6 Jahren Eintritt in den Westfalenpark (3 Euro bzw. 1,50 Euro Wintereintritt).

016 Kinderpuppentheater im Fletch Bizzel

ab 3

Mittwochs und sonntags ist das Theater Fletch Bizzel im Klinikviertel häufig für Kinder reserviert. Liebevoll gestaltete Puppen entführen Kinder ab drei Jahren in phantastische Welten - oder auch nur zu den „Schmuddels" in Frau Saubermanns Keller.

Wenn ein Besen, eine Klobürste und ein Wischmopp die Hauptrollen spielen – dann sind wir bei den Schmuddels. Klodwig Bürste, Beppo Besen und die anderen phantasievollen Puppen sind nur die bekanntesten Protagonisten des Dortmunder Turbo Prop Theaters, das sich nicht nur in Deutschland mit seinem originellen und zeitgemäßen Figurentheater einen guten Namen gemacht hat. Heimspielort in Dortmund ist das Fletch Bizzel. Schon seit 1978 macht Dortmunds älteste freie Theatergruppe, bestehend aus Rüdiger und Ursula Eggert, professionelles Figurentheater. Fast ebenso alt ist der absolute Klassiker „Weihnachten bei den Schmuddels" – das Kult-Stück läuft jedes Jahr im Dezember im Fletch Bizzel für alle von 4 bis 99 Jahren.

Im monatlichen Wechsel mit dem Turbo Prop Theater lässt das Figurentheater Turbine für alle Kinder ab 3 Jahren die Puppen tanzen. Es besteht seit 1986 aus Solo-Puppenspielerin Gudrun Bierboms und ihren Handpuppen, (lebens-) großen knubbeligen Stoffpuppen und allerlei Mischwesen.

Dazu kommen regelmäßig Gastspiele anderer Figurentheater, sodass in jedem Monat etwa drei bis sechs Vorstellungen angeboten werden können. Die Stücke sind 45 oder 55 Minuten lang und arbeiten häufig mit so viel Wortwitz, dass auch die erwachsenen Begleiter ihren Spaß haben. pin

Adresse Humboldtstraße 45, Tel. 14 25 12 (werktags 15-18 Uhr), www.fletch-bizzel.de **Anfahrt** U-Bahn 42 (Städtische Kliniken), S4 (Möllerbrücke) **Kosten** 6 bis 8 Euro **Tipp** Wer „Weihnachten bei den Schmuddels" oder „Die Schmuddels feiern Karneval" sehen möchte, muss sich mit der Reservierung beeilen.

017 KinderUni der TU Dortmund

8-12

0 €

An der Technischen Universität (TU) Dortmund lernen nicht nur Erwachsene. Die KinderUni richtet sich mit spannenden Vorlesungen speziell an wissenshungrige Kinder.

Die Veranstaltungsreihe für Kinder von acht bis zwölf Jahren greift Themen von Technik über Wirtschaft bis Kunstgeschichte auf. Seit zehn Jahren erklären Professorinnen und Professoren naturwissenschaftliche Phänomene, historische Schätze, die Welt der Wirtschaft und vieles mehr: Wie wird Fernsehen gemacht? Warum sind auf Joghurts Comic-Figuren zu sehen? Und wer ist eigentlich dieser Reinoldus, der Dortmunds bekanntester Kirche ihren Namen gab? Das alles vermitteln die Wissenschaftler kindgerecht und anschaulich. Manche Vorlesungen finden deshalb auch außerhalb der Hochschule statt, beispielsweise in der Reinoldikirche.

Das Programm erscheint jeweils zu Beginn eines Semesters, also Ende März und Ende September. Wer mag, kann einzelne Veranstaltungen oder auch ganze Reihen besuchen. Eine Vorlesung dauert 45 oder 60 Minuten, los geht es in der Regel am Nachmittag gegen 16 Uhr.

Natürlich sind auch Eltern und andere Erwachsene willkommen, sie dürfen hinten im Hörsaal Platz nehmen. Zu einigen Veranstaltungen wird auch eine Eltern- oder Lehreruni angeboten.

Im KinderUni-Studienbuch können sich die kleinen Teilnehmer den Besuch mit einem Stempel bestätigen lassen. Am Ende des Semesters erhalten die Kinder dann nach Vorlage des Studienbuchs eine Urkunde zugesandt. rie

Adresse TU-Campus, Hörsaal H2, Emil-Figge-Straße 50 (und andere Orte), Tel. 755-48 25; www.tu-dortmund.de/kinderuni **Anfahrt** S-Bahn S1 (Dortmund Universität) **Kosten** kostenlos, Anmeldung in der Regel nicht erforderlich **Tipp** Gut zu kombinieren mit einer H-Bahn-Fahrt über den Campus. Die Veranstaltungen in den Stadtkirchen sind auch für Erwachsene hochinteressant, viele Kinder finden aber auch einen „echten" Hörsaal spannend.

018 Kinder-Wort-Café in der Mayerschen

3-10

0 €

Was gibt es Schöneres, als sich in eine Ecke zu kuscheln und einer spannenden Geschichte zu lauschen - über Piraten, Zauberer oder Prinzessinnen? Genau das können Kinder an jedem ersten Samstag ab 15 Uhr im Kinder-Wort-Café in der Mayerschen Buchhandlung am Westenhellweg.

Das Kinder-Wort-Café ist die regelmäßige Lesebühne für Kinder. Lese- und Literaturpädagogin Heike Wulf, selbst Autorin, lädt zu jedem Termin erfahrene Vorleser ein. Das können Schriftsteller, Sänger oder Schauspieler sein. In der Kinderbuchabteilung in der ersten Etage lesen sie aus Kinderbuch-Klassikern oder Neuerscheinungen, witzigen oder traurigen, spannenden oder phantastischen Kinderbüchern. Gerne dürfen die Kinder auch eigene Bücher zum Vorlesen mitbringen. Mama, Papa, Großeltern oder andere Begleiter dürfen zuhören, das Angebot ist für alle kostenlos. Die Lesung dauert etwa eine Stunde.

Heike Wulf sagt selbst über das Kinder-Wort-Café: „Kinderbücher können die Sprachentwicklung fördern und Einfluss nehmen auf das Welt- und Menschenbild der jungen Zuhörer. Das Vorlesen erweitert den Horizont und den Wortschatz der Kinder und fördert Kreativität, Fantasie und Sprachentwicklung."

Vor oder nach der Vorlesestunde können die Eltern im Café in der zweiten Etage einkehren. Für Kinder bietet die Buchhandlung in der ersten Etage eine Spielfläche, ein Kinderkarussell und Schmöker-Ecken. AS

Adresse Mayersche Buchhandlung, Westenhellweg 37-41, Tel. 80 90 50 **Anfahrt** U-Bahn 42, 43, 44, 46 (Kampstraße) **Termine** Erster Samstag/Monat, 15-16 Uhr, Programm unter http://bit.ly/1AMlCzz

019 Kokerei Hansa

ab 6

Wie funktioniert eine Kokerei? Warum gibt es eine Schwarze und eine Weiße Seite? Und wofür brauchte man Koks überhaupt? Bei Kinder- oder Familienführungen über das Industriedenkmal in Huckarde werden diese und viele weitere Fragen beantwortet.

Er ist nicht zu sehen, der kleine Kokskrümel Karlchen, der nach der Schließung der Kokerei Hansa einfach dort geblieben ist. Aber bei den Kinderführungen folgen kleine Entdecker seinen Spuren. Sie erfahren, was auf der Kokerei Hansa zu Betriebszeiten los war und wie über viele Jahrzehnte, vom 1928 bis 1992, täglich Tausende Tonnen Koks entstanden. Damit es nicht langweilig wird, hat Karlchen einen Schatz versteckt, den die Kinder erst finden, wenn sie kleine Aufgaben und Rätsel lösen.

Neben der Kinderführung bieten sich viele weitere Möglichkeiten, das Gelände bei unterschiedlichen Themenrundgängen zu erkunden. Bei der Familienführung (ab Frühjahr 2015) erforschen „Nachwuchskoker" das Industriedenkmal mit ihren Eltern: Was für die Großen ein Koksofen ist, ist für die Kleinen ein Riesentoaster.

Die Anlage ist nicht nur ein Relikt der Schwerindustrie, sondern ebenso Zeugnis des Strukturwandels, ein Beispiel für gelungene Denkmalpflege. Und sie ist ein Paradies für Botaniker und Biologen: Auf Hansa kann man beobachten, wie sich die Natur die einst verbotene Stadt zurückerobert. Bei einer Führung zur Industrienatur hören die Kinder vom Turmfalken, der auf dem Museumsgelände lebt – mit etwas Glück sehen sie ihn auch, ebenso wie Spitzschlammschnecken und Libellen. Die Nachtlichtführung (nach der Sanierung ab Frühjahr 2015) über das illuminierte Gelände bietet einen phantastischen Blick übers nächtliche Dortmund. pin

Adresse Emscherallee 11, Tel. 93 11 22-33, www.industriedenkmal-stiftung.de **Anfahrt** U-Bahn 47 (Parsevalstraße), geöffnet April bis Oktober di-so 10-18 Uhr, November bis März 10-16 Uhr **Kosten** ohne Führung und mit Audioguide 4 Euro. Führungen 5 bis 8 Euro, Kinder unter 12 Jahren frei **Tipp** Gastronomie hat die Kokerei Hansa (noch) nicht zu bieten. Im Sommer können Hansa-Besucher den Biergarten der „Kletterhalle Bergwerk" nebenan nutzen. In den Ferien läuft ein Kinderferienprogramm.

020 Konzerthaus

6-12

0 €

Ausgewählte Konzerte im Programm des Konzerthauses sind für Kinder zwischen 6 und 12 Jahren kostenlos - und nicht nur das: Sie bekommen zuvor auch noch eine kindgerechte Einführung.

Jedem Kind ein Instrument: Dank des JeKi-Programms lernen Tausende Grundschüler in Dortmund ein Musikinstrument. Das Üben jedoch fällt vielen Kindern schwer, gerade am Anfang, wenn die Geigentöne noch kratzen und die Hörner kieksen. Darum haben JeKi und das Konzerthaus ein gemeinsames Projekt gestartet: Jekiz. Begegnungen mit Profi-Musikern, eigene Auftritte beim JeKi-Tag im Konzerthaus und Konzertbesuche sollen Kindern eine Idee davon vermitteln, was mit ihren Instrumenten möglich ist und Lust auf Musik machen.

Etwa fünf Konzerte pro Spielzeit sind es, zu denen die Kinder eingeladen sind. In den Einführungen lernen die kleinen Besucher musikalische Motive und wichtige Instrumente des jeweiligen Programms kennen, erkunden Bühne und Backstage-Bereich und treffen Weltklasse-Musiker, bevor sie schließlich dem Konzert lauschen. Auf dem Programm stehen dabei Mozart und Beethoven ebenso wie John Cage oder Neue Musik von Peter Eötvös – die Kinder sind erfahrungsgemäß für die Avantgarde ebenso offen wie für klassische Musik.

Die Konzerte laufen nachmittags oder abends. Dann sitzen die kleinen Zuhörer mitten unter den großen, erleben echte Konzert-Atmosphäre und die viel gerühmten Akustik des Saals: Bis in die letzte Reihe unter dem Dach in 25 Metern Höhe hört man den leisesten Ton. pin

Adresse Brückstraße 21, Tel. 22 69 60, www.konzerthaus-dortmund.de/jekiz **Anfahrt** U-Bahn 42, 43, 44, 46 (Reinoldikirche) oder Kampstraße **Tipp** Für die kostenlosen Konzerte und Einführungen ist eine Anmeldung erforderlich unter Tel. 22 69 62 56.

021 Märchenbühne im Wasserschloss Haus Rodenberg

Jeweils freitags und sonntags tanzen die Puppen in der Märchenbühne im Schloss Rodenberg: Dann öffnet sich der rote Samtvorhang für Puppentheater, Musik und Geschichten.

Hinter der Märchenbühne steckt Daria Nitschke: Erzählerin, Puppenspielerin, Musikerin, Autorin und Pädagogin. Mit großer Hingabe hat sie alle Puppentheaterstücke selbst kreiert, etwa „Ein Schatz auf der Pirateninsel", „Der Zauberer Pfiffikus", „Das Kamel Karamell und die Wunderlampe" oder „Flocke und der Weihnachtszauber". Fasziniert lauschen die Kinder den Märchengeschichten und machen begeistert mit, wenn sie bei der anschließenden erzählten Geschichte selbst in eine kleine Rolle schlüpfen dürfen. Auch für ältere Kinder ab 5, 6 Jahren werden Vorstellungen mit erzählten Geschichten geboten – märchenhaft, spannend, lustig und mitunter zum Mitmachen.

Daria Nitschke gibt ihr Können auch weiter, zum Beispiel in Kindertheaterkursen. Erwachsene, die selbst für ihre Kinder spielen wollen, können Puppentheater-Workshops besuchen oder in Seminaren spannendes Vorlesen und freies Erzählen lernen.

Heimat der Märchenbühne ist das Haus Rodenberg in Aplerbeck – Teil eines größeren Wasserschlosses, das seit dem 13. Jahrhundert Sitz eines Adelsgeschlechts war. Nur die Vorburg, das heutige Haus Rodenberg, blieb erhalten. Ende der 1990er Jahre wurden die Gebäude restauriert. Die VHS zog ein, ein Restaurant und 2005 auch die Märchenbühne.

In den Sommerferien verlegt Daria Nitschke die Vorstellungen in ein kleines Zirkuszelt am Schultenhof in Hombruch. Ab September ist dann wieder das Haus Rodenberg der Ausgangspunkt für die Reisen in zauberhafte Märchenwelten. ds

Adresse Rodenbergstraße 36, Tel. 4 27 11 26; www.die-maerchen-buehne.de **Anfahrt** U-Bahn 47 (Dortmund-Aplerbeck) **Kosten** pro Person 5 Euro, Gruppenermäßigungen **Tipp** Karten vorher reservieren! Kinder können im großen Innenhof spielen und den Enten im See zuschauen. Ein Kinderspielplatz und ein Eiscafé sind nicht weit.

022 Naturbühne Hohensyburg

ab 5

Theater unter freiem Himmel, inmitten grüner Natur und fantasievoll ausgestaltet - die Naturbühne Hohensyburg ist ein Kultur-Natur-Erlebnis. Schon seit 1952 gehen hier, in einem Amphitheater unterhalb der Syburg, populäre, unterhaltsame und anspruchsvolle Stücke über die Bühne.

Rund 800 Besucher finden in dem Freilufttheater Platz. Vor allem bei den Familienmusicals sind die hölzernen Zuschauerbänke häufig voll besetzt. Schon in den 1970er Jahren begannen die Theatermacher, für jede Sommersaison einen neuen Kinderklassiker theatralisch und musikalisch umzusetzen. Das Dschungelbuch war dabei, Ronja Räubertochter, Krabat oder Peter Pan. Zugleich bilden die Musicals den Auftakt zur Sommersaison.

Die Naturbühne ist ein Mitmachprojekt. Auf, vor und hinter der Bühne agieren fast ausnahmslos ehrenamtliche Mitglieder des Vereins Naturbühne Hohensyburg. Kostüme, Maske, Kulissen, die aufwendige Technik samt Special Effects, Regie, Schauspiel – die rund 240 engagierten Theaterleute aller Altersgruppen erdenken und erschaffen alles selbst. Rund ein halbes Jahr nehmen die Vorbereitungen für jedes Stück in Anspruch. Und auch das Publikum darf häufig mitmachen – fantasievoll werden die kleinen Besucher ins Stück eingebunden, können tanzen oder mitsingen. Der Klang ist dank kleiner Mikros der Schauspieler auf allen Plätzen gut.

Das Ensemble spielt nicht nur im Sommer auf. In den kalten Monaten laden die Macher ins Bühnenheim gleich nebenan. Es ist für rund 70 Zuschauer ausgelegt und bietet so im Winter ebenfalls ein besonders charmantes Theatererlebnis. ds

Adresse Syburger Dorfstraße 60, Tel. 77 43 10; www.naturbuehne.de **Anfahrt** Bus 444 (Casinobus), 442 (Syburg Höchsten) oder 432 (Feldmark/Syburg) **Kosten** Erwachsene 9 Euro, Kinder bis 14 Jahre 7 Euro, Kinder unter 4 Jahren frei, Familien (bis zu 4 Kinder) 25 Euro **Tipp** Es gibt einen Zugang für Rollstuhlfahrer, bitte vorher anmelden! Bei der Naturbühne kann man auch mitmachen – als Schauspieler oder hinter den Kulissen.

023 Nostalgisches Puppentheater im Westfalenpark

ab 3

Etwas versteckt am Rande des Westfalenparks entführt seit mehr als 20 Jahren das Nostalgische Puppentheater Kinder und Erwachsene in Märchenwelten.

Untergebracht im ehemaligen Steinmetzhaus des Parks kommen pro Vorstellung rund 40 Zuschauer in den Genuss von Stücken wie „Der Wunschpunsch", „Charles Dickens Weihnachtsmärchen" oder eines Kasperltheaters. Puppenspieler und Theaterleiter Udo Wodrich spielt mit Marionetten sowie mit original Hohnsteiner Handpuppen.

Mit seinen Türmchen und Verzierungen wirkt das Gebäude schon von außen wie der Eingang in eine Traumwelt. Seit das Puppentheater 1994 in das Gebäude einzog, wurde es mehrfach erweitert, umgebaut und verschönert. In dem mehr als fünf Meter hohen Vorbau begrüßt ein kleiner Zauberer die Zuschauer. Die Besucher gelangen dann in ein Foyer, das mit Dutzenden Figuren ausgestattet ist. Am lautesten und am größten ist ein Paradebär: Die rund zwei Meter große mechanische Figur empfängt die Besucher trommelnd. Über die Jahre wurde eine moderne Licht- und Tonanlage eingebaut, außerdem eine große Wasserorgel und ein Orchestrion – ein mechanisches Musikinstrument, das ein ganzes Orchester imitieren kann.

2006 entstand eine zweite Puppenbühne, auf der seitdem „Kaspershausen" liegt. Jeden Sonntag um 16 Uhr läuft dort ein maximal 40-minütiges Kasper-Abenteuer, geeignet für Kinder ab 3 Jahren samt Familie. Ein weiteres Highlight ist der Märchenweg vor dem Theater. In verglasten Schaukästen sind bewegliche Märchenfiguren untergebracht. Wer einen Euro einwirft, dem erzählen Rotkäppchen, Rumpelstilzchen oder Rapunzel ihre Geschichten. ds

Adresse Westfalenpark, Eingang Baurat-Marx-Allee, Tel. 55 49 66; www.nostalgisches-puppentheater.de **Anfahrt** U-Bahn 41/47 (Märkische Straße) **Kosten** Kasperltheater ca. 5-7 Euro, Weihnachtsmärchen ca. 8-11 Euro **Tipp** Frühzeitig Karten reservieren

024 Polizeimuseum

ab 14

0 €

Diese Ausstellung ist kriminell gut: Die europaweit einzigartige Schau „eins eins null“ zeigt im Dortmunder Polizeipräsidium, wie die Hüter des Gesetzes Verbrechen und Verbrechern auf die Spur kommen und kamen.

Besucher ab 14 Jahren tauchen ein in echte Fälle aus dem Arbeitsalltag der Dortmunder Polizei, erhalten Einblick in kriminaltechnische Untersuchungen und Ermittlungsmethoden – heute und damals.

Zahlreiche Exponate aus aufgeklärten Verbrechen erzählen spannende und lehrreiche Geschichten über Verkehrsunfälle, Brandstiftung, Raub und Mord. Ernste Themen, die jedoch auch mal humorvoll daherkommen – zum Beispiel durch Exponate wie die überdimensionale Pistole Marke Eigenbau, mit der ein Räuber seinen Überfall geplant hatte. Wie Polizisten heute arbeiten, wird am Beispiel des Großeinsatzes rund um das Stadion Signal Iduna Park dargestellt. In einem historischen Teil erfahren Besucher, wie Polizei und Verbrecher im Mittelalter gearbeitet haben bzw. vorgegangen sind. Auch die NS-Zeit ist ein wichtiges Thema.

Kinder dürfen sich aufs Polizeimotorad setzen und erfahren vermutlich erstmals, welche Auswirkungen Alkohol hat: Eine speziell präparierte Brille simuliert die Wahrnehmungsstörungen, die nach Alkoholgenuss auftreten. Wer schafft es, trotzdem auf einer Linie zu gehen?

Wer möchte, kann selbst Räuber spielen und sich „erkennungsdienstlich behandeln“ lassen – vom Abnehmen der Fingerabdrücke bis zur Unterbringung in einer nachgebauten Gefängniszelle. Keine Angst, sofern man ein stichfestes Alibi parat hat, kommen am Ende alle Inhaftierten wieder frei. pin

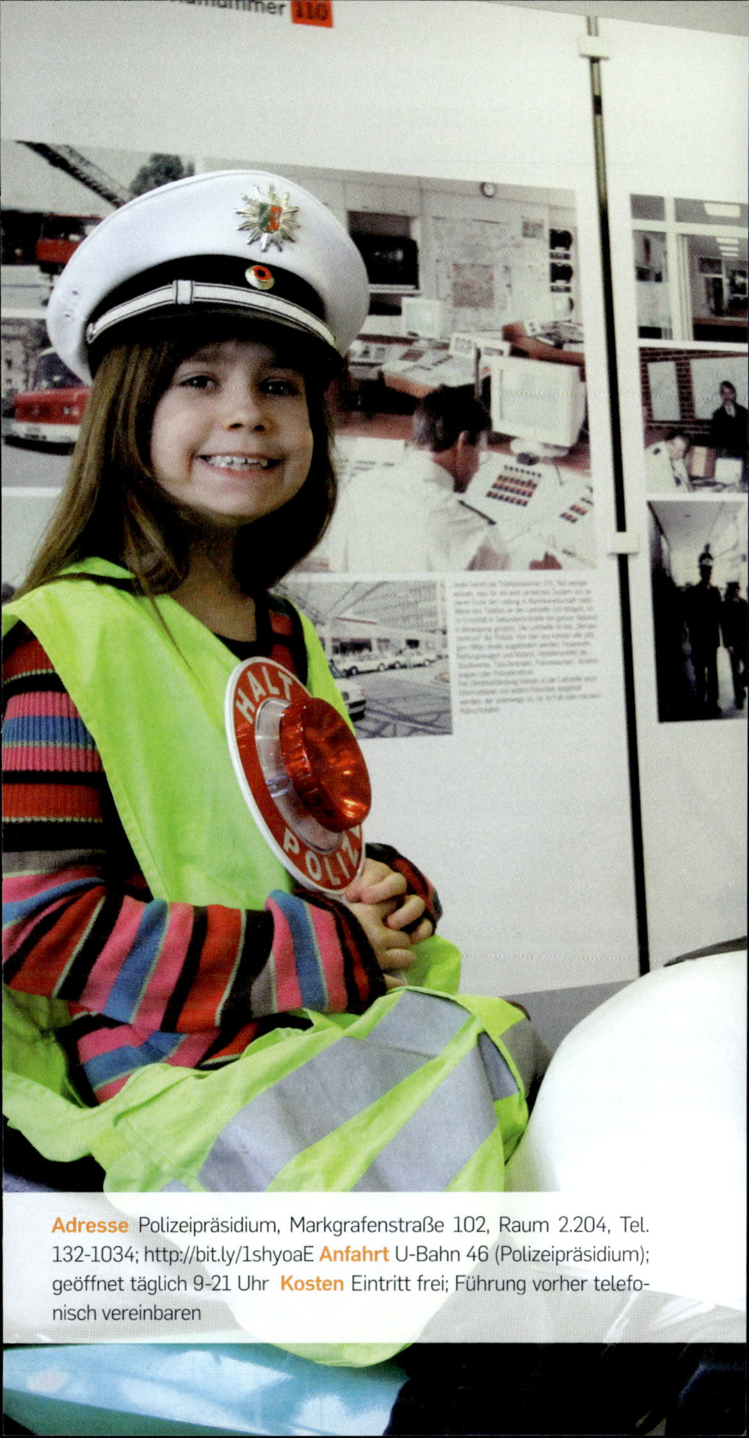

Adresse Polizeipräsidium, Markgrafenstraße 102, Raum 2.204, Tel. 132-1034; http://bit.ly/1shyoaE **Anfahrt** U-Bahn 46 (Polizeipräsidium); geöffnet täglich 9-21 Uhr **Kosten** Eintritt frei; Führung vorher telefonisch vereinbaren

025 Stadt- und Landesbibliothek

0-101

Sie ist eine Oase inmitten der City: die 1999 neu gebaute Stadt- und Landesbibliothek direkt gegenüber dem Hauptbahnhof. In der Kinder- und Jugendabteilung im Erdgeschoss können Eltern und Kinder gemütlich schmökern, (vor)lesen oder Spiele ausprobieren.

Auch wenn eine Bibliothek ein Ort der Ruhe ist – in der Kinder- und Jugendabteilung wird das nicht ganz so streng gesehen. Sie liegt im Erdgeschoss; wer lesen und arbeiten will, kann dies ungestört in den oberen Etagen.

So ist es kein Wunder, dass sich das lichte Gebäude mit seiner gläsernen Rotunde, entworfen vom Star-Architekten Mario Botta, zu einem Wohlfühl-Ort entwickelt hat. Kinder und Jugendliche erledigen dort ihre Hausaufgaben, überbrücken die Zeit oder ruhen sich aus.

Die Bilderbücher stehen in niedrigen Regalen. Auf einem Podest können sie ihre Auswahl, in bunte Kissen gekuschelt, in Ruhe betrachten. Neben Kinder- und Jugendliteratur sowie Sachbüchern für Kinder gibt es auch Hörspiele und -bücher auf CD sowie Brettspiele. Kinderfilme auf DVD und Konsolenspiele kosten 1,50 bzw. 2 Euro pro Ausleihe.

Beliebt ist die Vorlesestunde für Kinder ab 5 Jahren an jedem Samstag (12-13 Uhr). An jedem ersten Mittwoch gibt es einen offenen Treff für Eltern und Kinder zwischen 3 bis 6 Jahren zum Basteln, Spielen oder Vorlesen (15-16 Uhr). Eine deutsch-türkische Vorlesestunde lockt an jedem letzten Dienstag (16 Uhr), eine deutsch-italienische für Kinder ab 4 Jahren an jedem letzten Donnerstag (15.30 Uhr).

Weitere Bibliotheken gibt es in Aplerbeck, Brackel, Eving, Hombruch, Hörde, Huckarde, Lütgendortmund, Mengede und Scharnhorst. In der Hörder Stadtbibliothek können auch Kindergeburtstage gefeiert werden (Infos: Tel. 2 86 06 78). pin

Adresse Max-von-der-Grün-Platz 1-3, Tel. 50-23 209; www.bibliothek.dortmund.de **Anfahrt** U-Bahn 41, 45, 47, 49 (Hauptbahnhof); geöffnet di-fr 10-19 Uhr, sa 10-15 Uhr **Kosten** Jahresausweis 20 Euro, für Kinder und Schüler bis 21 Jahre kostenlos **Tipp** Im Erdgeschoss gegenüber der Ausleihe gibt es Kinderbücher auch in englischer, französischer, russischer und türkischer Sprache. Einmal im Monat hält der Bücherbus des Institut Français vor der Bibliothek. Dort kann man kostenlos französische Medien ausleihen.

026 Weihnachtsdorf

0-101

Es duftet nach Plätzchen, im Hintergrund klingen Weihnachtslieder und wer will, kann dem Weihnachtsmann oder dem Christkind seine Weihnachtswünsche vortragen - das Weihnachtsdorf auf dem Hansaplatz ist eine Weihnachts-Wunderwelt für Kinder.

Das Weihnachtsdorf wirkt wie ein Ruhepol am Rande des oft trubeligen Dortmunder Weihnachtsmarktes, der alljährlich fast zwei Millionen Besucher aus nah und fern anlockt. In der Backstube des Weihnachtsdorfs gleich neben dem Riesen-Weihnachtsbaum können Kinder backen und basteln, nebenan auf der Bühne mit dem Weihnachtsmann plaudern, Gedichte vortragen oder Lieder singen und am Christkind-Telefon sogar ihre Weihnachtswünsche los werden.

Organisiert wird das weihnachtliche Vergnügen mit Hilfe von Sponsoren: Vor über zehn Jahren hatte der Förderverein Weihnachtsdorf die Idee für das Kinderparadies auf dem Weihnachtsmarkt. Wer mitbacken- und basteln will, muss sich beeilen, denn Termine in der Weihnachtsbackstube sind begehrt. Schulklassen und Kindergarten-Gruppen sollten sich bis spätestens Mitte Oktober anmelden. Teilweise werden die Termine sogar verlost.

Das Weihnachtsdorf ist aber nicht die einzige Attraktion für Kinder auf dem Dortmunder Weihnachtsmarkt. Neben den beliebten Kinderkarussells und den vielen „süßen" Ständen mit gebrannten Mandeln und Zuckerwatte locken schon seit Generationen die Märchen-Autobahn auf dem Alten Markt und der Märchenwald mit dem sprechenden Baum zu Füßen des Reinoldikirchturms. Oli

Adresse Hansaplatz, www.dortmunderweihnachtsmarkt.de **Anfahrt** U-Bahn 41, 42, 45, 46, 47, 49 (Stadtgarten), U 42, 43, 44, 46 (Reinoldikirche), geöffnet täglich 9.15 bis 19 Uhr, Kosten fürs Mitbacken 2,50 Euro pro Kind **Tipp** Anmeldungen zum Backen per Mail an weihnachtsdorf-do@dokom.net oder per Brief an den Förderverein Weihnachtsdorf e.V., Postfach, 44104 Dortmund. Bitte drei Wunschtermine (Datum/Uhrzeit) angeben, Anzahl der Kinder und Telefonnummer für Rückfragen.

027 Westfälisches Schulmuseum

ab 6

Im Westfälischen Schulmuseum in Marten können Besucher 500 Jahre Schulgeschichte nachvollziehen. Die schulhistorische Sammlung ist eine der bedeutendsten in Deutschland – und bringt Kindern die Schulzeit der Groß- und Urgroßeltern näher.

Holzschuhe, Schürzen und Matrosenblusen, dazu eine Schiefertafel samt Griffel – so ausgerüstet gingen Schülerinnen und Schüler einst zur Schule. Ältere werden sich bei einem Besuch des Schulmuseums womöglich an die eigene Schulzeit erinnern. Und die Jüngeren werden sich wundern, wie Schule früher einmal war. Etwa darüber, dass Schläge mit dem Stock einst ein fester Bestandteil der Schulpädagogik waren.

Herzstück des Museums ist ein Klassenzimmer aus der Zeit um 1900 mitsamt Lehrerpult, alten Holzbänken und -tischen, Tafel und Landkarte sowie einem Kohlenofen. In Vitrinen sind Gegenstände ausgestellt, die Lehrer und Schüler vom Mittelalter bis zur Moderne benutzten. Zugleich erfährt man, dass das Lesen, Schreiben und Rechnen lange Zeit nur einer kleinen Gruppe vorbehalten war, etwa Klosterschülern oder Kindern von Adeligen. Spannend wird es, wenn die kleinen Besucher einen alten Schultornister auspacken, in Holzschuhen herumlaufen, das Schreiben mit Tinte und Feder üben oder einen quietschenden Griffel auf der Schiefertafel ausprobieren.

Wer möchte, kann an einer historischen Schulstunde teilnehmen, die mehrmals im Jahr stattfindet. Regelmäßig an Sonntagen gibt es Sonderveranstaltungen für Familien. Untergebracht ist das Museum übrigens passend in einer ehemaligen Schule. ds

Adresse An der Wasserburg 1, Tel. 61 30 95; www.dortmund.de/schulmuseum **Anfahrt** S-Bahn 4 (Marten-Süd), U-Bahn U 44 (Walbertstraße/Schulmuseum); geöffnet di-so 10-17 Uhr **Kosten** Erwachsene 2,50 Euro, ermäßigt 1,25 Euro

028 Zeche Zollern

ab 4

Das LWL-Industriemuseum Zeche Zollern bietet seinen kleinen Besuchern Einblicke in die Welt des Bergbaus, die sie mit allen Sinnen erleben können. Für Bewegung und Spaß sorgt dabei nicht nur der beliebte „Kinderkeller".

Im Stadtteil Bövinghausen liegt das „Schloss der Arbeit", wie die prunkvoll gestaltete Zeche Zollern liebevoll von den Dortmundern bezeichnet wird. Dass neben diesen roten, schmucken Backsteinbauten früher einmal Kohle gefördert wurde, ist heute kaum vorstellbar. Aber zum Glück erscheint schon am Eingang „Berglehrling Franz", eine Pappfigur, die den kleinen Museumsbesuchern alles über die Welt des Tagebaus erzählen kann. Auf einem Rundgang berichtet die Lehrlingsfigur in kindgerechter Sprache über die harte Arbeit der Bergleute. Wie wurde die Kohle gewonnen? Was ist eine Grubenlampe?

Ein absoluter Renner ist der so genannte Kinderkeller – der Erlebnisraum „Unter Tage". Erwachsene haben zu diesem Stollen-Nachbau aus Holz keinen Zutritt, dafür dürfen sich die kleinen Besucher umso mehr austoben. Im Inneren erwartet sie die Welt der Bergmänner, die alle Sinne fordert. Die Kinder krabbeln durch verzweigte Tunnel, fühlen dabei die Kälte und Enge unter Tage – und rutschen wieder hinaus.

Auf dem weitläufigen Zechengelände verleitet auch ein großer Spielplatz zum Toben. Die Kinder können sich mit Sand, Wasserpumpe und Netzschaukel vergnügen, größere testen auch Wendelrutsche und Seilbahn.

Das Restaurant auf dem Gelände hat sich mit speziellen Kindermenüs und einer gut gefüllten Spielkiste auf seine kleinen Gäste eingestellt. Wer einen Picknickkorb mitgebracht hat, darf es sich auf der Freizeit-Wiese gemütlich machen. at

Adresse Grubenweg 5, Tel. 696 11 11, www.zeche-zollern.de **Anfahrt** RB 43 (Dortmund Bövinghausen), Bus 462 (Industriemuseum Zollern), geöffnet: di-so 10-18 Uhr **Kosten** Erwachsene 6 Euro, ermäßigt 4 Euro, Kinder (6 bis 17 Jahre) 3 Euro **Tipp** Interessantes über den Bergbau erfahren und Kindergeburtstag feiern – das geht auf Zeche Zollern wunderbar. Museumspädagogen begleiten den großen Tag mit unterschiedlichen Themen. Infos: Tel. 6 96 12 11

029 Damwildgehege Süggelwald

0-101

0 €

Der Zoo ist weit entfernt. Doch auch die Kinder im Dortmunder Norden müssen auf engen Kontakt mit der Tierwelt nicht verzichten. Im Süggelwald zwischen Eving und Brechten können sie ein Damwild-Rudel erleben – fast wie in freier Wildbahn.

Die beste Aussicht hat man von einem kleinen Hochstand. Von hier aus lässt sich ein großer Teil des Geheges mit einer Fläche von knapp fünf Hektar gut überblicken. Neben einer offenen Wiese gibt es Waldparzellen, eine Hütte und einen Unterstand, unter dem das Wild bei Regen Schutz findet.

Etwa zwölf erwachsene Tiere und eine wechselnde Zahl an Jungtieren leben hier. Im Herbst sind sie ganz zahm. Dann kann man sie sogar aus der Hand füttern – allerdings nur mit natürlichem Futter, also Waldfrüchten wie Bucheckern, Eicheln und Kastanien oder Obst.

Das Damwild ist nicht die einzige Attraktion im Süggelwald. Rund um das Gehege wurde mit der Kreisjägerschaft ein Waldlehrpfad mit mehreren Stationen eingerichtet. Neben Informationen rund um das Leben im Wald gibt es auch spielerische Elemente. So können die Kinder ihre „Spannweite“ messen und mit der von Raubvögeln vergleichen. Und eine große Wippe symbolisiert das empfindliche ökologische Gleichgewicht.

Ein lohnendes Ausflugsziel für Familien ist das von der Stadt vor gut 60 Jahren eingerichtete Gehege. Und im Gegensatz zum Zoo im Dortmunder Süden ist die Attraktion im Süggelwald sogar kostenlos. Oli

Adresse Dortmund-Eving, Zugang zum Süggelwald in Höhe Evinger Straße 415, von dort etwa zehn Minuten Fußweg (Schildern folgen) **Anfahrt** U-Bahn 41 (Waldesruh) **Tipp** Es gibt keine Parkplätze direkt vor Ort. Der Besuch des Geheges lässt sich gut mit einem Spaziergang im Süggelwald verbinden – also ausreichend Zeit einplanen.

030 Lehrbienenstand im Rombergpark

ab 6

Wie lange brauchen Bienen, um ein Glas Honig zu füllen? Sprechen Bienen miteinander? Und was tun, wenn man gestochen wird? Mit solchen und anderen Fragen sind Kinder am Lehrbienenstand im Rombergpark bestens aufgehoben.

Als Teil des Schulbiologischen Zentrums (SBZ) der Stadt Dortmund lässt sich dort hautnah erleben und verstehen, wie Bienen leben und arbeiten. Angst vor Stichen muss dabei niemand haben: Kinder und Erwachsene betrachten die Tiere ganz geschützt.

In einem gemütlichen Holzhaus neben dem Heilkräutergarten oberhalb des Spielplatzes im Rombergpark erfahren Klein und Groß, welch wichtige Rolle Bienen für die Natur spielen. Ein ganzes Bienenvolk lebt hier in einem gläsernen Schaukasten. Der Tagesablauf des Bienenvolkes ist anschaulich dargestellt, mit dem Modell einer Biene wird das Innerste der Tiere erläutert, und natürlich lernt man, wie die Bienen gemeinschaftlich Blüten bestäuben und dabei Nektar gewinnen. Den Honig können Besucher auch probieren – Mutige stecken ihren Finger in den Honig und lassen eine Biene darauf landen.

Für angehende und gestandene Imker ist der neue Lehrbienenstand seit dessen Eröffnung im Jahr 1990 ein fester Anlaufpunkt. Nach Absprache bietet Imker Manfred Gimmler Besuchern eine zweistündige Tour durch die Stationen des Lehrbienenstands.

Übrigens: Für einen Kilo Honig müssen Bienen bis zu 100.000 Sammelflüge hinter sich bringen. ds

Adresse Am Rombergpark 35, Tel. 50-2 85 74 (di+do 9-13 Uhr) oder 2 06 35 40 (Imker Manfred Gimmler); www.do.nw.schule.de/sbz; geöffnet in der Regel sonntags 14 bis 17 Uhr (außer im Winter)
Anfahrt U-Bahn 49 (Am Rombergpark); Führungen nach telefonischer Absprache

031 Pony-Arche am Rodenberg

ab 7

Eine Mischung aus Pferdehof und Reiterverein ist die Pony-Arche am Rodenberg in Aplerbeck. Pferdeliebhaber haben sich zu einer privaten Haltergemeinschaft zusammengefunden, um alten, misshandelten und ausgemusterten Pferden ein neues, liebevolles Zuhause zu geben. Tagesausflügler sind gerne gesehene Gäste.

Die Pony-Arche ist das Lebenswerk von Tatjana Groß. Aktuell leben bei ihr acht Pferde, vom Mini-Shetlandpony bis zum Vollblut-Mix, die sie alle gerettet und resozialisiert hat. Sie bietet den gestrandeten Tieren eine artgerechte Haltung im Offenstall und den Kindern der Haltergemeinschaft viel mehr als nur Reitunterricht. Die Kinder, vor allem Mädchen, lernen einen respektvollen Einstieg ins Reiterleben und alles, was man als Ponybesitzer können muss. Das reicht vom Stallausmisten über Zaunreparatur bis zur Pflege der Tiere. Ganz nebenbei eignen sich die Kinder Fähigkeiten wie Zuverlässigkeit, Teamarbeit und Pünktlichkeit an.

Weil das Angebot so beliebt ist, wurden feste Gruppe und Zeiten eingeführt. So können immer ein Pferd und ein Kind ein Team bilden. Eine Warteliste existiert trotzdem.

Aber auch spontane Besucher lädt Tatjana Groß gerne auf ihren Hof ein, Reitstunden kann sie ihnen allerdings nicht bieten. Dafür können sie Stallluft schnuppern, die Pferde streicheln und füttern, viele Fragen stellen – und sich bei Interesse auch in die Warteliste eintragen. Für die Reitbeteiligung zahlt jedes Kind 60 Euro pro Monat. Geld, das ausschließlich den Pferden zugute kommt und dazu beiträgt, dass die Tiere als Herde zusammenbleiben können. Dön

Adresse keine offizielle Adresse – gelegen am Radweg gegenüber von Haus Rodenberg (Rodenbergstraße 36), Tel. 5 33 57 10; www.ponyarcheamrodenberg.vpweb.de **Anfahrt** U-Bahn 47 (Endstation Aplerbeck); keine festen Öffnungszeiten; Übersicht über weitere Reitställe und -vereine: www.will-reiten.de/suche-reitstall/reiten-in-dortmund **Tipp** Bei gutem und trockenem Wetter trifft man in der Regel ab 15 Uhr immer jemanden an der Pony-Arche am Rodenberg an.

032 Natur- und Vogelschutzgebiet Hallerey

0-101

0 €

Es klingt paradox: Das Naturschutzgebiet Hallerey samt See haben wir dem Bergbau zu verdanken. Das Gewässer, an dem so viele Lachmöwen brüten wie sonst nirgends in NRW, entstand aufgrund von Bergsenkungen. Auf einer etwa einstündigen, 3,5 km langen Wanderung können Eltern und Kinder viele seltene Tier- und Pflanzenarten entdecken.

Das Natur- und Vogelschutzgebiet liegt nur etwa drei Kilometer vom Stadtzentrum entfernt, direkt neben dem Revierpark Wischlingen. Es ist etwa 75 Hektar groß und zählt zu den bedeutendsten Naturreservaten im Ruhrgebiet. Rund um den See mit seinen Feuchtwiesen leben 240 Vogelarten: Zwerg- und Haubentaucher, Kanada- und Nilgänse, Reiherente und Teichrohrsänger, Bläß- und Teichhuhn. Von Frühjahr bis Herbst sieht man in der Dämmerung häufig Fledermäuse im Flug. Außerdem gibt es Saison-Gäste: Jeden Winter rasten durchziehende Wasservögel. Es lohnt sich, ein Fernglas mitzunehmen.

Auch Amphibien lieben die Hallerey. Sogar streng geschützte Arten wie Kammmolch, Geburtshelferkröte und Kreuzkröte leben hier. Im Frühjahr kann man den Fröschen dabei zusehen, wie sie durch den Amphibientunnel unter der Höfkerstraße hindurch zu ihrem Laichgewässer hüpfen.

Der Sommer ist die Zeit der Schmetterlinge und Libellen. 174 Großschmetterlingsarten wurden bereits gesehen: Admiral, Tagpfauenauge, Kleiner Fuchs oder Distelfalter, auch seltenere Spezies wie Nachtfalter.

Im Herbst kann man prima Brombeeren pflücken. Ein wenig klettern können Kinder auf den „Sieben Bergen von Dorstfeld" – dicht bewachsene Spitzkegelhalden aus dem Abraum der Zeche Dorstfeld, die als Kulturdenkmal geschützt sind. Sie liegen östlich des Revierparks zwischen Tierheim und dem Reinoldus- und Schillergymnasium. pin

Adresse Zugang z.B. vom Revierpark Wischlingen (Höfkerstraße 12); **Anfahrt** S-Bahn 2 (Wischlingen) oder Bus 447 oder 465 (Revierpark) **Tipp** Wer die Hallerey erkunden will, sollte neben einem Fernglas die gut aufbereiteten Infos des Naturschutzbundes (NABU) ausdrucken und mitnehmen: http://bit.ly/1ot6xgj.

033 Zoo

0-101

Im Zoo können Familien den ganzen Tag verbringen. Die Gehege der Tiere sind eingebettet in eine Parklandschaft mit altem Baumbestand.

Insgesamt leben im Dortmunder Zoo rund 1.500 Tiere. Das Wappentier ist der große Ameisenbär, denn die Dortmunder Tierpfleger sind mit Hege und Aufzucht dieser Tiere äußerst erfolgreich. Mehr als 60 Ameisenbären wurden in den vergangenen 40 Jahren in Dortmund geboren.

Zu den Highlights nicht nur für Kinder gehören die täglichen Fütterungen. Wer nachmittags kommt, erlebt um 14.30 Uhr die Fütterung der Pinguine und gleich darauf um 15 Uhr, wie die Kalifornischen Seelöwen flink nach den Fischen schnappen und dafür sogar kleine Kunststücke machen (auch um 11 Uhr). Ein Stück weiter leben die Sumatra Orang Utans mit Walter, dem Oberhaupt der Affengruppe. Auf der anderen Seite des Zoos stolzieren die Angola-Giraffen umher, bei ihnen sind auch die quirligen Erdmännchen untergebracht. Löwen und Tiger bekommen dienstags (12 Uhr), donnerstags und sonntags (16 Uhr) ihr Fleisch. Im Tamandua-Haus gibt es täglich um 12 Uhr für die Faultiere etwas zu essen. Selbst füttern dürfen die Kinder nur im Streichelzoo; die Ziegen-Snacks gibt es in einem Automaten.

Für eine Verschnaufpause empfiehlt sich das Restaurant Waldschänke in der Mitte des Geländes. Rundherum liegen Imbissstände, aber auch Picknick-Gelegenheiten, um Mitgebrachtes zu verzehren. Direkt neben dem Restaurant lockt der große, zentral gelegene Spielplatz. Dazu gibt es mehrere Erlebnisstationen auf dem Gelände, an denen Kinder Gelegenheit bekommen, sich im Springen mit Kängurus zu messen, unter einen Schildkrötenpanzer zu kriechen oder wie ein Brillenbär zu klettern. ds

Adresse Mergelteichstr. 80, Tel. 50-28 593; www.dortmund.de/zoo **Anfahrt** U-Bahn 49 (Hacheney), Regionalbahn RB 52 (Tierpark), geöffnet mo-so 9-16.30 Uhr (Winter), 9-18.30 Uhr (Sommer), 9-17.30 Uhr (16.2-15.3 und 16.10-31.10) **Kosten** Erwachsene 8 Euro; Kinder/Schüler/Studierende 4,50 Euro, Kinder bis 4 Jahre frei **Tipp** Bollerwagen und Buggys können für 2 Euro gemietet werden. In den Ferien bietet der Zoo Kindern ab 6 und ab 9 Jahren ein Ferienprogramm (9.30 bis 15.30 Uhr).

034 Abheben im Heißluftballon

ab 8

Der Anblick eines Heißluftballons am Himmel fasziniert Kinder und Erwachsene. Doch beim Zuschauen muss es nicht bleiben: Wer den Mut und rund 200 Euro übrig hat, kann selbst einsteigen und über die Stadt schweben.

Der Aufstieg geht schneller als erwartet – ruckzuck sind 500 Meter Höhe erreicht. Das ist doppelt so hoch wie der Florianturm, und trotzdem fühlt sich das Hinausschauen an, als blicke man von einem Aussichtsturm. Wind und Kälte bleiben außerhalb des Korbs. Stadion, U-Turm, Phoenixsee, Universität, Emscher, Kanal und Ruhr – von oben sind Landschaft und markante Gebäude wunderbar zu erkennen und sehen doch ungewohnt anders aus. Die Höhe ändert sich wieder und wieder, Haken schlagende Hasen sind ebenso zu sehen wie Hochöfen. Die Fahrtrichtung ändert sich mit dem Wind, so dass die Route vorab nie genau bestimmt werden kann. Nach 60 bis 90 Minuten ist die Fahrt vorbei.

Um möglichst alle Dortmunder Sehenswürdigkeiten genießen zu können, startet man am besten im südlich oder nördlich der Stadt und schwebt sanft mit dem Nord- bzw. Südwind. Wer gerne direkt in Dortmund abheben möchte: Die Startpunkte liegen im Revierpark Wischlingen (Skytours) sowie in Mengede (Hot Air Balloon).

Ein gesetzliches Mindestalter für Kinder gibt es nicht, allerdings nehmen einige Anbieter Kinder erst ab acht Jahren bzw. 1,35 m Größe mit. Der Grund: Erst dann können sie gut über den ca. 1,10 m hohen Korb schauen.

Nach der Landung folgt die „Taufe“: Erstfahrer werden traditionell in den Ballonfahrer-Adelsstand erhoben. Dann erfährt man auch, warum man mit dem Ballon fährt und nicht etwa fliegt: Die ersten Piloten waren Kapitäne und haben Begriffe aus der Seefahrt übernommen. pin

Fahrt ab Revierpark Wischlingen mit Skytours, Infos unter Tel. 0221 / 35 55 60, www.skytours-ballooning.de; Fahrt ab Mengede oder Kemnader Stausee mit Hot Air Balloon, www.hot-air-balloon.de, Tel. 0208 / 37 01 91 **Kosten** je nach Gruppengröße zwischen 174 und 199 Euro, Kinder bis 15 Jahre ab 135 Euro (Skytours)

035 Bahnfahren im Oldtimer – Bahnhof Mooskamp

ab 8

Das Nahverkehrsmuseum am Bahnhof Mooskamp ist nicht nur eine Reise wert, sondern schickt seine Besucher auch auf Reisen: in historischen Straßenbahnen, die auf einer stillgelegten Trasse zwischen Nette, Ellinghausen und Huckarde pendeln.

Lokomotivführer werden – davon träumen vor allem kleine Jungs. Ein bisschen wahr wird dieser Traum am Bahnhof Mooskamp in Nette. Denn dort sind die altgedienten Straßenbahnen vergangener Tage nicht nur in einer großen Wagenhalle ausgestellt, sondern sie sind in den Sommermonaten auch in Betrieb. Und wer Glück hat, darf dem Schaffner oder Weichensteller auch mal assistieren. Auf jeden Fall ist ein direkter Blick in die Fahrerkabine garantiert, wenn der Straßenbahn-Veteran in gemütlichem Tempo über die Schienen rattert.

Nicht entgehen lassen sollten sich die Mitfahrer aber auch das tolle Panorama, vorbei an alter Industriekultur und üppiger Vegetation. Denn die Straßenbahn-Schätzchen sind auf der ehemaligen Hoesch-Werkbahntrasse unterwegs. Sie kutschieren die Gäste vom Bahnhof Mooskamp über Ellinghausen und das Industriedenkmal Kokerei Hansa bis zur Haltestelle Huckarde-Brückenzug – und wieder zurück. Von April bis Oktober sind die Fahrten mit einer Führung auf der Kokerei Hansa kombiniert.

Das museale Kleinod ist das Werk des Vereins Westfälische Almetalbahn (WAB). Sein Anliegen ist es, die Geschichte des öffentlichen Personennahverkehrs auch für zukünftige Generationen lebendig zu halten. Sowohl die Ausstellung mit derzeit 25 historischen Straßenbahnen als auch das kulturelle Angebot werden ständig erweitert. Dön

Adresse Mooskamp 23, Tel. 3 95 64 17, www.bahnhof-mooskamp.de; jeden 3. Sonntag im Monat ganzjährig geöffnet von 12-16 Uhr; April bis Oktober Fahrbetrieb mit Kombiführung Kokerei Hansa **Anfahrt** U-Bahn 47 (Obernette), ca. 9 Minuten Fußweg; Start der Kombiführung auf der Kokerei Hansa, Emscherallee 11 **Kosten** ganze Museumsstrecke Erwachsene 5 Euro, Kinder 2,50 Euro; Eintritt Kokerei Hansa: 4 Euro, Führung 4 Euro, Kinder unter 12 Jahren frei **Tipp** Das Museum beteiligt sich an der Museumsnacht. Im Dezember bietet der Verein Bahnfahrten mit dem Nikolaus an.

036 Bootsfahrt mit der Santa Monika

0-101

Seit Jahrzehnten schippert das Ausflugsschiff „Santa Monika" über den Dortmund-Ems-Kanal, Generationen von Dortmundern sind mitgefahren. Bei Familien beliebt sind die sonntäglichen Kreuzfahrten zum Schiffshebewerk Henrichenburg.

Los geht es am Anleger an der Speicherstraße/Ecke Lagerhausstraße, gegenüber dem Alten Hafenamt. Kaum hat man den Hafen hinter sich gelassen, beschert der Schiffsausflug neue Perspektiven. Während der Fahrt läuft kein Tonband mit Erläuterungen – die Crew selbst spricht über Mikro zu ihren Gästen, gibt Wissenswertes preis oder auch die eine oder andere Anekdote.

In Henrichenburg ist dann Zeit für einen Spaziergang oder einen Besuch des Industriemuseums samt Modell des Hebewerkes. Für Kinder aufregend ist es, wenn gerade ein Schiff im Schleusenpark gehoben oder gesenkt wird – ein Höhenunterschied von 14 Metern kann überwunden werden. Nach rund 1,5 Stunden geht es zurück. Mit etwas Glück erhalten Groß und Klein Zugang zum Steuerhaus, wo der Kapitän auch mal eine nautische Unterweisung gibt.

Jeder Sitzplatz auf der Santa Monika ist überdacht – auch einer Tour im Regen steht also nichts im Wege. Die Küche an Bord ist rustikal: Würstchen, verschiedene Schnitzel, Hühnerbrühe, Schnittchen und Salate sowie Kuchen stehen auf der Karte.

Henrichenburg ist nicht das einzige Ziel der Santa Monika. Hafen-Rundfahrten werden angeboten, das „Dattelner Meer" lässt sich erkunden, ab und zu geht es ins Münsterland zur Wasserburg Vischering in Lüdinghausen, und Ostern können Gäste an Bord ausgiebig brunchen. Übrigens: Heiraten kann man auf der Santa Monika auch. Die vom Kapitän geschlossenen Ehen sind allerdings nur für die Dauer der Reise gültig. ds

Adresse Lagerhausstr./Speicherstr., Tel. 02381/46 04 44; www.santamonika.de **Anfahrt** U-Bahn 47 (Hafen); Kreuzfahrt Henrichenburg an mehreren Sonntagen von April bis Oktober **Kosten** Erwachsene 12 Euro, Kinder 4 Euro

037 Flitzen auf der Kartbahn

ab 10

Adrenalinjunkies aufgepasst: Die weltweit längste Indoor-Kartbahn liegt in Dortmunder Stadtteil Barop. Wer richtig aufs Pedal drücken will, ist auf 1600 Metern Strecke mit reichlich scharfen Kurven gut aufgehoben.

Von außen wirkt die rote Backsteinhalle noch wenig aufregend. Spätestens wenn man knapp über dem Pistenboden hinter dem kleinen Lenkrad in einem der Karts sitzt, packt einen jedoch das Rennfieber.

Die Ampel am Ende der Boxengasse zeigt „Grün". Ein kurzer Tritt auf das Gaspedal, und das Rennkart schießt nach vorne. Zum Start eine Gerade zum Beschleunigen, und schon folgt mit der ersten Kurve die erste Herausforderung. Der Geruch nach Reifenabrieb, Kraftstoff und der Rausch der Geschwindigkeit machen Spaß. Die Kartbahn ist allerdings ein Vergnügen für etwas ältere bzw. größere Kinder: Um mit einem speziellen Kinderkart sicher fahren zu können, müssen die Kinder mindestens 1,40 m groß sein. Die Kinderkarts sind mit einer extra Kopfstütze ausgerüstet. Mit „nur" vier Pferdestärken ist das Kinderkart auch nicht so leistungsstark wie die Karts für Erwachsene.

Helme können vor Ort geliehen werden. Vorab gibt es eine Einweisung in die Karts und eine Sicherheitseinweisung, damit jeder weiß, wie er mit seinem Renngerät umgehen soll. Außerdem ist die komplette Strecke videoüberwacht, damit Eltern wie Betreiber das Renngeschehen jederzeit verfolgen können. Wie gut sich die Rennfahrer schlagen, lässt sich an Anzeigetafeln ablesen – die Rundenzeiten werden gespeichert. nd

Adresse Baroper Bahnhofstraße 79-85, Tel. 75 11 55, www.highway-kart-racing.com **Anfahrt** S-Bahn 5 (Bahnhof Barop) oder Bus 446 (Bahnhof Barop), geöffnet mo-sa 10-23 Uhr, so 10-22 Uhr **Kosten** 8-10 Minuten Fahrzeit 12 Euro **Tipp** Werktags zwischen 10 und 15 Uhr ist „Happy Hour", dann kosten 8 bis 10 Minuten nur 10 Euro.

038 Kleinbahnfahren im Westfalenpark

4-14

Die Kleinbahn im Westfalenpark ist ein unterhaltsames Transportmittel für die ganze Familie: Der kleine Zug dreht regelmäßig seine Runden durch die große Gartenanlage. Wer die vielen wunderbaren Ecken des Westfalenparks erkunden oder die Strecke zum Robinsonspielplatz abkürzen möchte, für den heißt es: Einsteigen!

Seit über 50 Jahren rattert die Kleinbahn auf einer Strecke von etwa 2,5 Kilometern über das Dortmunder Parkgelände – und viele Eltern und Kinder schaukeln gerne mit. Während sie sich den Fahrtwind um die Nase wehen lassen, genießen sie den Ausblick auf die Attraktionen des ehemaligen Geländes dreier Bundesgartenschauen.

Der Westfalenpark umfasst eine Fläche von 60 Hektar, da gibt es auf der Fahrt einiges zu bestaunen: Vom Florianturm geht es direkt zum duftenden Rosengarten, dann parallel zum Kinder-Erlebnispfad „Spielbogen" hinab zum Robinsonspielplatz und in einer großen Kurve am Buschmühlenteich vorbei bis hinauf zum Startpunkt am Turm. Wer will, kann am Buschmühlenteich aussteigen und z.B. zum Robinsonspielplatz laufen.

Mit einer Höchstgeschwindigkeit von 15 Stundenkilometern bewegt sich der bunte Zug – auch in den Wintermonaten. Angeschafft wurde er schon zur Eröffnung des Westfalenparks 1959. Seitdem ist das Gefährt im Einsatz, wenn auch nicht mehr mit den Originalwaggons. Als Antrieb verwendet die Kleinbahn übrigens spezielle Akkus, das Prinzip ähnelt dem einer Grubenbahn. Die Tour durch das Parkgelände absolviert sie immer im Uhrzeigersinn und passiert dabei 31 Wegübergänge. Ein lautes Bimmeln warnt die Besucher – eine Freude für die Fahrgäste, die dann oftmals fröhlich winken. Seit einigen Jahren bietet die Bahn auch zwei Plätze für Rollstuhlfahrer. Damit heißt es für alle: Bitte einsteigen! at

Adresse An der Buschmühle 3 (Haltestelle vor dem Florianturm, Eingang Florianstraße), Tel. 50-2 61 00; www.westfalenpark.de **Anfahrt** U-Bahn 45, 49 (Westfalenpark), Fahrtzeiten: tägl. bis zum 2. Nov. von 11-18 Uhr, ab 3. Nov. 13-17 Uhr. Zum Winterleuchten verlängerte Fahrtzeiten **Kosten** Erwachsene: 3 Euro, Kinder (4 bis 15 Jahre): 1 Euro, Parkeintritt kostet extra **Tipp** Man kann auch einen Sonderzug z.B. für eine Festgesellschaft anmieten: Tel. 12 46 46.

039 Mit der H-Bahn über den Campus

ab 2

Der Hochschul-Campus zwischen Dorstfeld, Barop und Eichlinghofen ist von Feldern umgeben und eine Welt für sich. Und er hat sogar ein eigenes Verkehrsmittel - die H-Bahn schwebt über die Köpfe und Autodächer hinweg.

Die Dortmunder Hängebahn ist gewissermaßen das Gegenstück zur Wuppertaler Schwebebahn. Die Wagen sind zwar etwas kleiner, dafür fährt die H-Bahn allerdings vollautomatisch. Ein Computer steuert den Betrieb der vier Wagen, der in einer Leitzentrale lediglich überwacht wird. Fahrer gibt es in den Kabinen der H-Bahn nicht. Wer ganz vorn in einer H-Bahn Platz nimmt, kann sich also selbst als Fahrer fühlen und das wohlige Gefühl des Schwebens aus bis zu 16 Metern Höhe genießen. Bei der rasanten Fahrt von 50 km/h über das grüne Tal zwischen Nord- und Südteil des Campus' verschafft das tolle Eindrücke.

Konzipiert wurde die H-Bahn ursprünglich, um die beiden Universitätsteile in Barop und Eichlinghofen zu verbinden. Vor allem Studierende und Hochschul-Mitarbeiter nutzen deshalb die Möglichkeit, in nur zwei Minuten Fahrzeit zwischen Campus-Süd und -Nord zu pendeln. Aber mit direktem Anschluss an die S-Bahn-Station Universität ist die insgesamt rund drei Kilometer lange H-Bahn-Strecke heute auch fester Teil des öffentlichen Nahverkehrs-Netzes der Dortmunder Stadtwerke (DSW21) und mit einem VRR-Ticket nutzbar. An der nördlichen Endstation am Technologiezentrum liegt übrigens das Fraunhofer-Institut für Materialfluss und Logistik, an dem das vollautomatische Verkehrsmittel vor mehr als 30 Jahren entwickelt wurde. Die H-Bahn ist also ein Stück Forschung aus Dortmund. Oli

Adresse Dortmund-Barop/Eichlinghofen, z.B. Vogelpothsweg/ Mensabrücke, www.h-bahn.de **Anfahrt** S-Bahn 1 (Dortmund-Universität); **Betriebszeit:** mo-fr 6.21-24 Uhr (kein Betrieb am Wochenende) **Kosten** Wer kein VRR-Ticket hat, bekommt an den Haltestellen-Automaten Einzeltickets für 75 Cent, die innerhalb von zwei Stunden für beliebig viele Fahrten genutzt werden können. **Tipp** Zur Haupt-Vorlesungszeit zwischen 8 und 14 Uhr sollte man auf Ausflugsfahrten verzichten. Leerer ist es am Nachmittag.

040 Paddeln im Kanu

ab 5

Beim Kanufahren erlebt man die Natur aus einer ganz neuen Perspektive: vom Fluss aus. In Dortmund eignet sich fürs Paddeln nur der Dortmund-Ems-Kanal - doch der ist ideal, um den Sport zu lernen.

„Kanu“ ist der Oberbegriff für Boote, in denen man in Blickrichtung paddelt – anders als beim Rudern. Zu den Kanus gehören Einer- oder Zweier-Kajaks und Kanadier – auf letzteren hat auch eine Familie mit Hund Platz. Für Kinder ist Paddeln ein aufregendes Erlebnis, zunächst beim Mitfahren, dann beim Selberpaddeln. Auch wenn sie eine Schwimmweste tragen müssen, sollten Kinder schwimmen können.

Regelmäßig Kanukurse bietet der 1. Dortmunder Kanuverein (DKV) am Dortmund-Ems-Kanal, etwa auf Höhe des Freibads Hardenberg. Der Verein bietet Wochenend-Kurse, in denen die Teilnehmer die Paddel-Technik lernen und verschiedene Boote ausprobieren können. Auch Kurse für Eltern mit Kindern sind im Angebot. Dabei sitzen die Kinder mit den Eltern im Boot, lernen aber auch, alleine im Kajak zu fahren. Kanu-Abteilungen haben ebenfalls der FS 1889 am Fredenbaumpark und der TSC Eintracht (Bootshaus in Lüdinghausen).

Wer Lust hat, regelmäßig zu paddeln, kann Mitglied in einem Kanuverein werden und an den regelmäßigen Touren teilnehmen, die in der Regel mit Übernachtungen auf Campingplätzen verbunden sind. Schon auf Ruhr, Lippe oder Weser gibt es wunderschöne Strecken. Im Verein genießt man den Vorteil professioneller Organisation: Boot-Transport und Streckenplanung erfordern einige Erfahrung. Auch der Deutsche Kanu-Verband bietet Kurse und Touren (www.kanu.de). Doch man kann sich auch selbst auf den Weg machen. Kanu-Verleihe gibt es z.B. entlang der Ruhr: am Essener Baldeneysee oder am Kemnader Stausee in Witten. pin

Adresse FS 1889: An den Bootshäusern 3, www.fs1898-kanu.de; 1. Dortmunder Kanuverein DKV: Vereinshaus Alte Ellinghauser Straße 88, www.1dortmunderkanuverein.de; Kurstermine auf der Webseite **Kosten** beim DKV Wochenendkurs 60 Euro/Person, für Kinder unter 16 kostenlos

041 Rundflug über die Stadt **ab 6**

Den Florianturm einmal von oben sehen - das kann, wer am Dortmunder Flughafen in den „Roten Baron“ steigt. Die Oldtimer-Maschine Antonow An-2 ist vom Boden aus ein Hingucker und bietet aus der Luft spannende Aussichten.

Der knallrote Doppeldecker sieht aus wie das Spielzeugflugzeug, das viele als Kind in den Händen gehalten haben. Das sowjetische Flugzeug mit seinem röhrenden Sternmotor ist der größte einmotorige Doppeldecker der Welt. Neun Passgiere kann das Propeller-Flugzeug mitnehmen. Der erste Prototyp dieses Flugzeuges startete schon 1947. Trotz ihres Alters gilt die Antonow als sehr sicher und wird deswegen auch heute noch eingesetzt.

An Wochenenden und Feiertagen startet der „Rote Baron“ ab dem Dortmunder Flughafen zu eher gemütlichen Rundflügen über Dortmund und Umgebung: Die Antonow An-2 hat eine Höchstgeschwindigkeit von „nur“ gut 250 Stundenkilometern. Und das ist auch gut so, schließlich wollen die Passagiere ja die Aussicht genießen. An Bord gibt es während des Fluges viele interessante Informationen über die Maschine und das damalige Fluggeschehen.

Ab Dortmund lassen sich drei Routen wählen. Der kürzeste Rundflug geht über den Florianturm, den Signal-Iduna-Park, die Bittermark, den Phönix-See, die Stadtkrone-Ost und den Hafen. Route 2 verlängert den Rundflug bis Bochum und Witten, Route 3 führt sogar bis zum Rheinhafen in Duisburg.

Zwischen Ende Oktober und April hat der „Rote Baron“ Flugpause. Dann geht es zu Wartungsarbeiten und für einen neuen Anstrich in den Hangar. nd

Adresse Flughafenring 2, Tel. 0208/37 01 91, www.hot-air-balloon.de **Anfahrt** Airport Express vom Dortmunder Hbf täglich 4-21 Uhr; Flüge zwischen April und 31. Oktober **Anfahrt** Rundflüge pro Person je nach Route zwischen 95 und 189 Euro. Gegen einen Aufpreis von 70 Euro darf man auch im Cockpit Platz nehmen.

042 Segeln auf dem Phoenix-See

ab 6

Mit der Eröffnung des Phoenix-Sees am 1. April 2012 haben auch die ersten Segler ihre Boote zu Wasser gelassen. Seitdem kann auf der neuen, 24 Hektar großen Wasserfläche jedermann segeln - und wer es nicht kann, lernt es dort.

Für Kinder und Jugendliche zwischen 6 bis 14 Jahren bietet der Yachtclub Phoenixsee die Ausbildung für den Jüngsten-Segelschein des Deutschen Segler Verbands (DSV) an. Der Jüngsten-Segelschein ist der erste Segelschein für Kinder. Haben sie den in der Tasche, dürfen die Kids unter fachkundiger Aufsicht mit kleinen Jollen alleine auf den See hinaussegeln – oder an einer Regatta teilnehmen.

Die Jugendabteilung des Yachtclubs besteht bereits aus mehr als 60 Kindern. Ein Dutzend „Optis" stehen dem Segel-Nachwuchs zur Verfügung – fünf der kleinen, leichten Optimisten-Jollen fahren unter dem Segel der Ruhr Nachrichten, die diese Anfängerboote gesponsert haben. Auch zwei Renn-Optis und drei „Teenys" für größere Kinder gehören zur Flotte.

Die Ausbildung umfasst einen Theorie- und einen Praxisteil. An jeweils 10 Terminen à 2 Stunden lernen die Kinder die Grundlagen des Segelns. In der theoretischen Prüfung geht es dann unter anderem um Vorfahrtsregeln, den sicheren Umgang mit den Booten und Kurse am Wind. Die Praxisausbildung erstreckt sich über die ganze Segelsaison von Anfang Mai bis Ende September. Ausgerüstet mit Neoprenanzügen und Schwimmwesten üben die kleinen Segler dann das An- und Ablegen, Wenden und Halsen. In der praktischen Prüfung müssen verschiedene Seemannsknoten geknüpft und die Boote auf- und abgebaut werden.

Auch die Sporthochseeschiffer-Vereinigung (SHV) bietet Kindern und Jugendlichen an, den „Opti-Schein" auf dem Phoenix-See zu machen. ds

Adresse Iltisweg 16, Tel. 58 68 02 09; www.yachtclub-phoenixsee.de **Anfahrt** Phoenixsee: U-Bahn 41 (Hörde); Sporthochseeschiffer-Vereinigung (SHV): Voßkuhle 25, Tel. 52 25 69, www.shv-dortmund.de) **Kosten** Der Jahresbeitrag für Minderjährige beträgt beim Yachtclub Phoenixsee 60 Euro. Erwachsene zahlen 180 Euro/Jahr plus 90 Euro Aufnahmegebühr.

043 Ab in den Wald

ab 1,5

Wo immer Sie in Dortmund wohnen: Der nächste Wald ist garantiert nicht weit. Der Verein Querwaldein bietet an über zehn Standorten in der Stadt Waldspielgruppen, Erlebnistage, Ausflüge oder Kindergeburtstage im Wald.

Rahmer oder Schwerter Wald, Niederhofer Holz, Bolmke und Bittermark sind nur einige der Wälder mitten in Dortmund. Viele Eltern wünschen sich, ihr Kind könnte einen Waldkindergarten besuchen – doch die sind in Dortmund leider Mangelware. Eine Alternative bietet Querwaldein: Der Verein macht schon Angebote für Kleinkinder. Die „Waldwichtel“ (1,5 bis 3 Jahre) und die „Waldzwerge“ (2 bis 4 Jahre) treffen sich einmal wöchentlich für zwei Stunden mit ihren Eltern, Vorschulkinder (5 bis 7 Jahre) gehen als „Waldmäuse“ ohne Begleitung der Eltern mit zwei Gruppenleitern in den Wald, um die Jahreszeiten hautnah zu erleben und Sonne, Wind und Regen im Gesicht zu spüren. Mit dem Zwitschern der Vögel in den Ohren balancieren sie auf Baumstämmen, wippen in Astschaukeln oder bauen ein Waldsofa.

Zu allen Jahreszeiten gibt es für Kinder zwischen 2 und 10 Jahren und ihre Begleiter auch offene Termine. Im Frühjahr heißt es zum Beispiel „Osterhasenschule im Frühlingswald“, im Sommer geht es „Mit nackten Füßen durch den Sommerwald“. Eine „Entdeckungsreise durch den Herbstwald“ und der „Weihnachtszauber im Winterwald“ komplettieren den Jahreszeitenreigen. Auch Angebote auf Bauernhöfen sind im Programm: Der Verein kooperiert mit dem Schultenhof und dem Lernbauernhof Schulte-Tigges. Außerdem gibt es einen kostenlosen „Gartenclub“ für Kinder ab 7 Jahren, aktuell im Schultenhof und Dietrich-Keuning-Haus.

Die Gruppenleiter sind erfahrene naturwissenschaftlich und umweltpädagogisch ausgebildete Menschen, die ihre Begeisterung für die Natur weitergeben möchten. pin

Infos/Anmeldung Tel. 99 95 13 73, www.querwaldein.de/dortmund **Kosten** Ein offener Waldnachmittag (2/3 Stunden) kostet 10/12 Euro/Kind inkl. Materialien. Zehn Termine bei den „Waldwichteln" kosten 100 Euro. **Tipp** Kindergeburtstage bietet Querwaldein schon für Kinder ab 3 Jahren. Ältere machen eine GPS-Schatzsuche oder ein Outdoor-Training mit Seil und Knoten, die Jüngsten gehen mit Kescher und Lupe auf Suche nach Wassertieren oder bauen sich gemütliche Hütten.

044 Agard-Naturschutzhaus im Westfalenpark

4-14

Ganz in der Nähe des Robinsonspielplatzes im Westfalenpark liegt das Agard-Naturschutzhaus. Dort spielen Kinder in und mit der Natur - und erleben sie mit allen Sinnen.

Der kugelrunde Buchsbaum-Busch hat Blätterohren bekommen, einen Tannzapfen als Nase und Augen aus Kastanien – das ist Landart, Naturkunst für Kinder. Dabei dürfen nur Dinge aus der Natur vorwendet werden. Landart ist eines der Angebote im AGARD-Naturschutzhaus. Das etwas versteckt liegende Holz-Haus ist selbst ein Beispiel für Umweltschutz mit seinem begrünten Dach, der Kompost-Toilette und zahlreichen Nistmöglichkeiten für Insekten und Vögel. Es liegt auf einer zwei Hektar großen Naturschutz-Insel.

AGARD steht für „Arbeitsgemeinschaft Amphibien und Reptilienschutz in Dortmund". Mitarbeiter des Vereins betreuen Schulklassen und Kitas und bringen ihnen Natur und Umweltschutz spielerisch näher: Im Sommer und Herbst werden Baumfrüchte unter die Lupe genommen, im Frühjahr kann man nistende Vögel oder Wildbienen beobachten und duftende Blumen auf dem Waldboden bestimmen. Im Winter wird erkundet, wie Tiere die kalte Zeit überstehen – und wie man ihnen dabei helfen kann. Neben den Angeboten für Schulen und Gruppen gibt es auch Ferienaktionen, die auf der Internetseite des Vereins zu finden sind.

An Kindergeburtstagen können die kleinen Besucher ausgerüstet mit Kescher und Lupe auf Entdeckungstour rund ums Haus und durch den Park gehen. Oder sie machen sich auf Schatzsuche. Ein Kindergeburtstag im Naturschutzhaus dauert rund zwei Stunden. nd

Adresse An der Buschmühle 3, Tel. 12 85 90, www.agard.de
Anfahrt U 45/49 (Westfalenpark) und U 47 (Märkische Straße); geöffnet mo-fr 10-18 Uhr (im Winter 10-17 Uhr), sa/so 12-18 Uhr
Kosten Besuch kostenfrei, Ferienaktionen auf Nachfrage, Kindergeburtstag 40 Euro

045 Familienausflüge mit der Volkshochschule

Naturschutzgebiete erkunden, Pilze suchen oder Äpfel verarbeiten – die Volkshochschule hat viele Ausflüge für Eltern und Kinder im Programm.

So können sich Kinder im Grundschulalter mit einem erwachsenen Begleiter bei der VHS zum Naturforscher ausbilden lassen und den „Naturforscherpass" machen: Sie lernen, Igelhäuser zu bauen, entdecken im Herbst die Geheimnisse der nächtlichen Bolmke, machen Apfelringe selbst oder bauen sich einen Spielplatz im Wald. Die Reihe in Zusammenarbeit mit dem Naturschutzbund (NABU) besteht aus sechs Veranstaltungen meist an den Wochenenden, die man auch in mehreren Semester absolvieren kann. Jedes Mal gibt es einen Nachweis im Naturforscherpass, am Ende winkt eine Urkunde. Teilnehmen kann jeweils ein Erwachsener mit zwei Kindern.

Viele andere Ausflugsangebote der Volkshochschule sind nicht speziell auf Familien ausgerichtet, eignen sich aber für Jung und Alt – etwa die Tour zum Hengsteysee, um dort Zugvögel zu beobachten, oder eine Pilz-Wanderung.

Auch Kindergeburtstage in der Natur bietet die VHS. Geburtstagsgesellschaften mit Kindern ab 4, 7 oder 10 Jahren verbringen zweieinhalb Stunden in der Bolmke und gehen dort auf Schatzsuche – die Jüngsten folgen dem Moosmann, die Älteren den GPS-Koordinaten (115 bis 139 Euro für max. 10 Kinder).

Die familientauglichen Angebote der VHS findet man, wenn man auf der Webseite nach den Angeboten „nach Lebensphasen" sucht oder im gedruckten Programm unter „Exkursionen". pin

Infos und Anmeldung Volkshochschule, Hansastr. 2-4, Tel. 50-2 47 27, www.vhs-dortmund.de **Anfahrt** U-Bahn 41, 45, 47, 49 (Hauptbahnhof) **Kosten** Gebühr je nach Kurs, z.B. „Naturforscherpass" pro Veranstaltung 5 Euro Erwachsene, 3 Euro Kinder

046 Gut Königsmühle

0-101

Guten Kaffee und leckeren, selbst gebackenen Kuchen genießen, während die Kinder die Hoftiere begutachten oder den Kletterbaum erobern - Gut Königsmühle im Stadtteil Ellinghausen ist ein lohnendes Ausflugsziel, zum Beispiel für eine Radtour.

Der Hof besteht aus einem denkmalgeschützten Ensemble aus Wohnhäusern, einem alten Gutshaus, einer alten Schmiede sowie Stallungen. Einst diente er als Zechengut: Er versorgte die Kumpel der nahen Zechen mit Lebensmitteln. Seit 2006 ist das Pädagogisch Soziale Zentrum Dortmund Besitzer des Gutes. Der Verein baute es um. Das Christopherus-Haus betreibt heute eine Wohn- und Lebensgemeinschaft für 14 Menschen mit Assistenzbedarf. Die Bewohner arbeiten in einer Gärtnerei, bauen auf zwei Hektar Freiland und in zwei Folienhäusern Salate, Gemüse und Kräuter an. Die Ernte dient dem Eigenbedarf, ein Teil steht aber auch im Hofladen zum Verkauf. Die Produkte sind in Demeter-Qualität hergestellt, sprich biologisch und nach anthroposophischen Prinzipien erzeugt. Auf dem Gut gibt es außerdem einen Waldorfkindergarten und eine Kinder-Tagesgruppe. Unregelmäßig stellen Künstler ihre Werke aus.

Die größte Attraktion für Kinder sind sicher die Tiere des Gutes. Hühner, Pferde und Esel sowie eine kleine Herde Rhönschafe gehören zum Gut. Ein kleiner Spielplatz mit Sandkasten und Kletterbaum liegt direkt vor der Tür des Hofcafés. ds

Adresse Ellinghauser Str. 309, Tel. 3 57 79 91; www.gut-koenigs-muehle.de **Anfahrt** Bus 475 (Mengede); Hofcafé geöffnet sonn- und feiertags 11-18 Uhr, sa 13-18 Uhr **Tipp** Mit dem Fahrrad lässt sich Gut Königsmühle gut über den Weg am Dortmund-Ems-Kanal oder den Emscher-Radweg erreichen.

047 Hofläden

0-101

An den Rändern der Stadt wird's ländlich. Besonders im Norden Dortmunds warten diverse Bauernhöfe samt Hofläden auf Besucher - mit unterschiedlichen Angeboten vom Erdbeerpflücken übers Kaninchenstreicheln bis zum Ponygeburtstag.
Erdbeeren pflücken ist kinderleicht. Schwierig ist es jedoch, mit dem Pflücken aufzuhören, wenn man mitten in einem verlockenden Feld steht – zum Beispiel am Hof Mertin in Grevel, mit Blick aufs Lanstroper Ei. Weitere Erdbeerfelder gibt es an der Stadtkrone Ost und in Berghofen (An der Goymark).

Kindergeburtstage auf dem Bauernhof bietet der Hof Mowwe in Lanstrop am Rande des Naturschutzgebietes. Zum Programm gehören Ausritte mit dem Pony, eine Kutschfahrt und eine Schatzsuche im Stroh. Im Hof-Restaurant „Rotes Haus“ gibt es rustikale Küche, z.B. Reibeplätzchen, und leckere Kuchen, sonntags kann man ab und zu dort brunchen (vorher reservieren!).

Pferde hat auch Haumanns Hofladen in Asseln: Der Traditionshof beherbergt Pensionspferde, direkt nebenan befindet sich eine Reitanlage. Flugenten, Hühner und Gänse laufen auf der Weide – und werden als Fleisch verkauft. Im Hofladen gibt es auch selbst gebackenes Steinofenbrot sowie saisonale Back-Leckereien: Tomaten- und Olivenbrot zur Grillsaison, Walnussbrot oder Pflaumenkuchen im Herbst.

In Husen liegt der Hofladen Sprave, seit dem 16. Jahrhundert in Familienbesitz. Auf den Wiesen direkt am Hof weiden Gänse und Ponys, außerdem gehören Hängebauchschweine, Meerschweinchen, Kaninchen und ein Esel zum Hof. Eier und Geflügel im Hofladen stammen vom Hof. Nur für Kindergeburtstage öffnet der Ponyhof Grundmann in Lanstrop, zu dem auch Minischweine, Hasen und Meerschweinchen gehören. pin

Adressen **Hof Mertin**, Bönninghauser Str. 5, Tel. 23 12 36 www.hof-mertin.de; **Hof Mowwe**, Im Ostfeld 185, Tel. 35 13 31, www.mowwe-der-hof.de; **Haumanns Hofladen**, Eschenwaldstr. 45, Tel. 27 97 51, www.haumanns-hofladen.de; **Hofladen Sprave**, Husener Str. 131, Tel. 28 13 44, www.hofladen-sprave.de; **Ponyhof Grundmann**, Steinhofstr. 47, Tel. 0177 / 74 78 402, www.ponyhof-grundmann.de

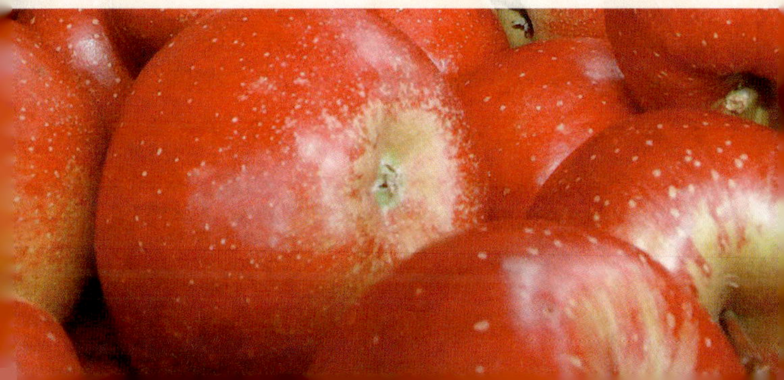

048 Lernbauernhof Schulte-Tigges

4-14

Wie riecht ein Schwein, wie pflanzt man Kartoffeln? Auf dem Lernbauernhof Schulte-Tigges in Derne schnuppern Großstadtkinder Landluft – und werden selbst aktiv.

Elmar Schulte-Tigges und seine Frau haben den Hof, der zuvor lange unbewirtschaftet war, zu einem Lernbauerhof umfunktioniert. Seither tummeln sich dort Kinder und Jugendliche. Sie helfen, Pferde, Schafe und Ziegen zu versorgen, arbeiten im Stall, bauen Zäune, pflanzen, säen, ernten oder pressen Apfelsaft. Sie erfahren, wie sich Regen auswirkt und was passiert, wenn die Sonne zu lange scheint.

Der Besuch auf dem Bauernhof ist ein Erlebnis für alle Sinne: Das Motto: Fühlen, Schmecken, Riechen, Erleben und Selber machen. Dazu gehören auch eine gemütliche Runde am Lagerfeuer oder eine Schatzsuche. Mehrere Male im Jahr können Kinder eine Woche lang auf dem Bauernhof übernachten.

Der Lernbauernhof macht Angebote für Schulen, Kindergärten und einzelne Kinder bzw. Familien. Wer unsicher ist, ob sein Kind fürs Landleben geeignet ist, kann einen dreistündigen Schnupperkurs buchen. Kinder ab 3 Jahren, denen das gefällt, besuchen dann den Jahreskurs: Zwischen März und Oktober erleben sie einmal monatlich, wie sich Natur und Tiere verändern. Auch Kindergeburtstage auf dem Hof sind möglich. Spontane Besuche auf dem Bauernhof sind nicht gern gesehen – vor allem der Kontakt zu den Tieren funktioniert nur, wenn jemand vom Hof dabei ist, und das kann im normalen Betrieb nicht gewährleistet werden. Schließlich steckt hinter dem Lernbauerhof ein pädagogisches Konzept, das ihn im Umkreis einzigartig macht: das Konzept der Bildung für eine nachhaltige Entwicklung (BNE). Es will Kindern und Jugendlichen nachhaltiges Denken und Handeln vermitteln. AS

Adresse Kümper Heide 21, www.lernbauernhof-schultetigges.de **Anfahrt** U-Bahn 42 (Schulte-Rödding), weiter mit den Bussen 410/411 oder C5 Richtung Lünen (Auf dem Brink) **Kosten** 12 bis 20 Euro pro dreistündigem Termin, unterschiedlich von Kurs zu Kurs **Tipp** An den Thementagen werden Kinder und Jugendliche aktiv: Sie bauen Insektenhotels, sammeln und essen Wildkräuter, forschen im Kompost oder backen Brot mit selbst gemahlenem Mehl. Termine stehen auf der Webseite.

049 Naturlehrpfad Alte Körne

ab 6

0 €

Die „Alte Körne" ist ein Naturschutzgebiet im Nordosten der Stadt. Seit über zehn Jahren führt ein Naturlehrpfad mit vielen kindgerechten Stationen durch den Wald.

Insgesamt 6,5 km lang ist der Naturlehrpfad, den ehrenamtliche Naturliebhaber gemeinsam mit der Stadt eingerichtet haben. Er führt von Scharnhorst nach Kurl und wieder zurück – oder umgekehrt. Nicht nur die Hauptstrecke, sondern auch zahlreiche Alternativwege und Abkürzungen sind ausgeschildert, so dass Familien den Ausflug je nach Durchhaltevermögen der Kinder erweitern oder verkürzen können. Mehrere Bänke laden zu einer Pause ein. Auch mit Kinderwagen ist der Weg gut zu meistern.

Unterwegs bieten 25 große und 50 kleine Lehrtafeln Gelegenheit, sich über Flora und Fauna zu informieren – und die abgebildeten Tiere und Gewächse in natura zu suchen. Wer findet einen Schmetterlingsporling, einen fächerartigen Pilz, der auf totem Holz wächst? Wie sieht die Frucht einer Buche aus? Wer wohnt im „Insektenhotel"?

Der Weg führt vorbei an einem Weiher, an einer Lichtung sieht man in der Ferne das Lanstroper Ei. An einem Dendrophon können Kinder hören, wie Buche, Eiche, Erle, Esche und Fichte klingen: Herabhängende Holzstämme bilden eine Art überdimensioniertes Xylophon.

Gut gepflegt ist der Lehrpfad dank des Einsatzes der Ehrenamtlichen vom „Initiativkreis Alte Körne": Sie kontrollieren ständig, ob Müll herumliegt oder die Schilder lesbar sind. Außerdem bieten sie auf Anfrage Führungen, auch speziell für Kinder. pin

Adresse www.naturlehrpfad-alte-koerne.de **Anfahrt** Zugang von Scharnhorst: Kafkastraße/Werzenkamp, U-Bahn 42 (Scharnhorst-Zentrum) oder Bus 427 (Kafkastraße); **Zugang von Kurl**: Kurler Straße/Werimboldstraße, Anfahrt: RE 1, 2 und Bus 424/426/439 (Kurler Bahnhof)

050 Schultenhof

0-101

0 €

Im Hintergrund grüßt hinter dem Wald die Großstadt mit Fernsehturm, Bürohochhäusern und Fußballstadion. Doch rund um das Fachwerkhaus des historischen Schultenhofs lockt das pralle Landleben – und ein Paradies für Kinder.

Dass Besucher auf dem Schultenhof mitten in der Großstadt Landluft atmen können, ist nicht zu überriechen. Der Schweinestall samt Misthaufen macht deutlich, dass ein Bauernhof nichts für empfindliche Nasen ist. Trotzdem ist der Blick auf die offenen Schweinekoben für kleine und große Kinder eine Attraktion. Und je nach Alter und Empfindsamkeit können die Eltern dem Nachwuchs vermitteln, wie aus dem lebenden Schwein die Wurst wird, die nebenan im Hofladen verkauft wird oder im Landgasthof im gleichen Haus auf den Teller kommt. Wahlweise lässt sich auch der Weg der Bio-Eier verfolgen, die von der gackernden Hühnerschar auf dem Schultenhof stammen.

Der Schultenhof ist ein Bio-Bauernhof, doch die ökologische Landwirtschaft ist nicht das einzige, das ihn besonders macht: Der Bauernhof beschäftigt auch Behinderte, die dort unter Regie der Werkstätten der Arbeiterwohlfahrt leben und arbeiten, Getreide, Kartoffeln und Freilandgemüse anbauen und die Tiere versorgen.

Nebenbei hat die Awo eine Erlebniswelt für Kinder geschaffen. Eine Kletterwand, ein Heuturm, Rutsche, Schaukeln und ein Tunnel zum Kriechen laden ein. Immer dicht umlagert sind die Wasserpumpe und der Bachlauf, der zum Matschen animiert. Die Eltern können direkt nebenan auf der Bistro-Terrasse bei Kaffee und Bio-Kuchen entspannen.

Der Besuch des Schultenhofs lässt sich gut mit einem Spaziergang im Naturschutzgebiet Bolmke verbinden, das den Bio-Hof einrahmt. Oli

Adresse Stockumer Straße 109, Tel. 79 22 01 14 (Hofladen/Bistro), www.awo-schultenhof.de **Anfahrt** Bus 440, 445, 446 (Schultenhof); geöffnet (Bistro): di-do 10-18 Uhr, fr/sa 10-19 Uhr, so 10-15 Uhr **Tipp** Gummistiefel und Matschhose sind – außer bei großer Sommerhitze – ratsam, um für den Spaß an Wasserpumpe und Bach gerüstet zu sein.

051 Abenteuerspielplätze

3-10

0 €

Jeder Erwachsene, der den Abenteuerspielplatz Scharnhorst zum ersten Mal sieht, hat denselben Wunsch: noch einmal Kind zu sein. Denn dort kann man nach Herzenslust matschen, Feuer machen, schmieden, kochen, hämmern, sägen, klettern, toben und all das tun, was Kinder einfach mögen.
Satte 13.000 Quadratmeter groß ist das Gelände, auf dem es so herrliche Dinge gibt wie ein Piratenschiff, ein Weidenlabyrinth, eine Werkzeugausgabe, Sand- und Matschstellen, Wiesen, Wasserbecken und sogar eine echte Feuerstelle. Die regelmäßigen Angebote wechseln jeden Tag, darunter auch Kochen, Werken oder Fußball.
Besonders begeistert sind viele Kinder von den Pferden und Ponys, die dank der Zusammenarbeit mit dem Reit-, Fahr- und Voltigierverein Scharnhorst auf dem Gelände stehen. Freitags um 16 Uhr kann man die ersten Kontakte zu Max, Hexe, Laika und Co. aufnehmen.
Aber wo viele Kinder zusammenkommen, gibt es auch Streit. Deswegen haben die Betreiber vom Jugendamt Regeln aufgestellt, die es zu beachten gilt. Auf spielerische Weise lernen die Kinder auf diese Weise Teamfähigkeit.
In den Ferien verwandelt sich die Scharnhorster Wiese in eine Ferienspielwiese. Das bunte Programm reicht von Zirkusaktionen bis zu historischen Spiele.
Einen weiteren Abenteuerspielplatz gibt es im Stadtteil Rahm am Rande des Waldes. Er ist etwa ebenso groß. Auch hier locken Spielhaus und Werkzeugausgabe, Skate- und Fahrradpool, Feuerstelle und Hüttenbauen, Bolzplatz und Wasser-Matsch-Anlage. AS

Adresse Scharnhorst Flughafenstraße 512, Tel. 23 60 10 **Anfahrt** U-Bahn 42 (Droote); geöffnet mo-fr 13 bis 18 Uhr **Adresse Rahm** Jungferntalstr. 47c, Tel. 67 24 71, geöffnet mo-fr 14-18 Uhr, Ferien 13-18 Uhr **Anfahrt** U 47 (Huckarde Bushof), dann weiter mit dem Bus 461/462 (Jungferntal Grundschule/Willstätter Straße)

052 Babyschwimmen

ab 3 Monaten

„Babyschwimmen" ist eigentlich das falsche Wort: Drei Monate alte Säuglinge können natürlich nicht lernen zu schwimmen. Trotzdem profitieren sie von den Kursen, die in Dortmund von Sportvereinen, Krankenhäusern oder privaten Trainern angeboten werden.

Sobald das Baby sein Köpfchen selbst hält, kann es losgehen – das ist mit drei oder vier Monaten der Fall. Je nach Wassertemperatur dauert das Schwimmen 10 bis maximal 30 Minuten. Angeleitet vom Kursleiter ziehen die Eltern ihr Baby behutsam durch das Wasser und lernen, mit welchen Griffen man das Kind auf dem Rücken und auf dem Bauch am besten hält. Im warmen Wasser – optimal sind rund 33 Grad – entdecken die Säuglinge ihren Körper, sie bewegen sich leichter und sicherer, als es ihnen im Trockenen möglich ist. Bei kurzen Tauch-Trips erleben die Kinder sogar absolute Schwerelosigkeit. Überwindung kostet das meist nur die Eltern – die meisten Babys genießen das Untertauchen. Sicher gehalten von Mama oder Papa fühlen sie sich schnell wohl in der Umgebung, die der Atmosphäre im Bauch der Mutter gar nicht unähnlich ist.

Und auch die Wissenschaft liefert Argumente fürs frühe gemeinsame Planschen: Studien zufolge lernen Babys, die mit ihren Eltern babyschwimmen gehen, früher und besser, ihren Körper zu koordinieren, und sie entwickeln ihre motorischen Fähigkeiten und den Gleichgewichtssinn eher. Dennoch ist Babyschwimmen keine Frühförderung, sondern schlicht Gelegenheit, eine entspannte, angenehme Zeit mit seinem Baby zu verbringen – und mit anderen Mamas und Papas, die man während des Kurses kennenlernt. pin

Adresse Kurse in Krankenhäusern: z.B. St.-Josefs-Hospital Hörde, Wilhelm-Schmidt-Str. 4, www.babyschwimmen-dortmund.de; Hüttenhospital Hörde, Am Marksbach 28, www.wasserzwerge.de (Tel. 9 41 59 07) und www.aquaredo.de (Tel. 02304 / 89 03 50); Ev. Krankenhaus Lütgendortmund, Volksgartenstr. 40, Tel. 0177 / 6 48 81 35 www.babyschwimmendortmund.jimdo.com.
Kurse der Sportvereine in Hallenbädern: ATV Dorstfeld im Westbad, Kortental 15 (ab 9. Monat), www.dorstfeldschwimmen.de; Schwimmgemeinschaft Dortmund-Süd im Hallenbad Aplerbeck, www.sgsued.de; DLRG und SV Hellas im Nordbad. Das Ev. Bildungswerk bietet Kurse im Wohnstift Augustinum in Kirchhörde, Kirchhörder Str. 101, www.ekkdo.de.
Kosten zwischen 3,50 und 15 Euro/Stunde, am günstigsten sind Angebote der Sportvereine

053 Bewegungsbaustellen

0-3

Seit einigen Jahren tourt das Familien-Projekt Dortmund mit seiner Bewegungsbaustelle durch unsere Stadt und steuert Kitas oder Familienzentren an. Der mobile Spielplatz richtet sich an 0- bis 3-Jährige und ihre Eltern.

Ein gemütliches Bad in bunten Bällen, Balancieren auf Schaumstoffrollen oder ein kühner Sprung vom Mini-Turm – die Bewegungsbaustelle des Familien-Projekts ist ein wahres Spiel- und Abenteuerparadies für die Jüngsten. Und das ganz ohne Gefahren. Denn ein gepolsterter Boden schützt die Babys und Kleinkinder, scharfe Kanten gibt es nicht. Und so können nicht nur die jungen Entdecker die Spiellandschaft genießen, sondern auch ihre Mütter und Väter. Denn die brauchen sich nicht zu sorgen, wenn ihr Nachwuchs mal das Gleichgewicht verliert oder sich spontan in höhere Lagen wagt.

Genau das ist auch das Ziel der Bewegungsbaustelle: Eltern werden darin bestärkt, ihre Kinder Dinge ausprobieren zu lassen. Die Kleinen sollen die eigenen Grenzen erkunden – und sie vielleicht auch überwinden. Denn die bunten Bauelemente, die immer wieder neu zusammengepuzzelt werden können, fördern die motorischen Fähigkeiten der Kinder und ihre Bewegungsfreude. Sie dienen der Selbstständigkeit, der kindlichen Kreativität und Fantasie, fördern das soziale Verhalten und sogar die Sprachentwicklung: Kinder entdecken und lernen Sprache am besten beim Spielen, Toben, Ausprobieren – also in Bewegung. Zum Konzept der Bewegungsbaustelle gehören auch Therapeuten, die mit den Eltern über die motorische Entwicklung ihrer Kinder sprechen und ihnen Anregungen für zu Hause geben.

Netter Nebeneffekt: Die Eltern lernen andere Eltern kennen – manchmal der Beginn einer neuen Freundschaft. Dön

Adresse wechselnd, www.dortmund.de/bewegungsbaustellen **Kosten** Die Schnupperkurse sind kostenlos; die in der Regel viertägigen Kurse können abhängig von Teilnehmerzahl, Standort und Raummiete bis zu 20 Euro kosten **Tipp** Die nächsten Termine kennt das Familienbüro. Dort können Sie auch Anregungen für eine neue Bewegungsbaustelle geben.

054 Bikepark Aplerbeck

0 €

Helm auf, Protektoren angelegt und auf geht's ins Gelände: Im Bikepark Aplerbeck können sich Mountainbikefahrer so richtig austoben.

Der Parcours besteht aus 29 Hindernissen und Schikanen, diversen Steilkurven und Sprunghügeln. Los geht's auf dem 4,40 Meter hohen Starthügel. Insgesamt ist die Strecke 500 Meter lang. Aufgeteilt ist sie in einen 350 Meter langen Übungsparcours (Race-Line), eine Pumptrack, auf der nicht getreten werden darf, außerdem einen Kids-Parcours und eine 150 Meter Dirt-Line, also eine Strecke mit Sprungschanzen.

Eingerichtet wurde der Bikepark mit Unterstützung der Stadt Dortmund von der Mountainbike-Gruppe des ASC 09 Dortmund, auch „Team Drecksau" genannt. Nutzen darf den Bikepark jeder – doch der Unterhalt kostet einiges. Derzeit bringen ausschließlich die Mitglieder der MTB-Gruppe des ASC 09 Dortmund über ihre Vereinsbeiträge die nötigen Gelder auf. Wer also auf dem Bikepark öfter seine Runden dreht, sollte dem Verein beitreten. Für Kinder bis 13 Jahre kostet die Mitgliedschaft 8 Euro im Monat, für Jugendliche 10 Euro. Mitglieder können auch an Wettbewerben, Fahrten und Kursen der MTB-Gruppe teilnehmen. Regelmäßig bieten die Mountainbiker Trainings für Einsteiger und Fortgeschrittene. Trainiert wird bei jedem Wetter – schließlich wollen die Mountainbiker ihrem Team-Namen Ehre machen und sich so richtig einsauen.

Für den Bikepark gilt Helm- und Protektoren-Pflicht. Wer dort fährt, muss Handschuhe, Knieschoner, Schienbein- und Ellenbogen-Protektoren sowie Oberkörper-Protektoren mit Rückenschutz tragen. Es gibt in Dortmund noch weitere MTB-Kurse. Zu finden sind sie auf dieser städtischen Webseite: http://bit.ly/ZnenCy. ds

Adresse Benediktinerstraße 81 (neben der Verkehrswacht Dortmund), Tel. 44 56 26; www.bikepark-aplerbeck.de **Anfahrt** U-Bahn U 47 (Aplerbeck) **Tipp** Wer kein eigenes Rad hat und das Mountainbiken einmal ausprobieren möchte, kann sich in der Regel beim ASC 09 Dortmund eines leihen. Anfragen unter info@asc09mtb.de.

055 Bogenschießen im Rombergpark

ab 8

Robin Hood oder Indianer – fürs Bogenschießen gibt es viele heroische Vorbilder. Wie sich das traditionelle Schießen mit einem Recurve- oder Langbogen anfühlt, können Kindern sonntags auf der Bogenwiese im Rombergpark erleben.

Wer direkt hinter dem Haupteingang des Rombergparks am Torhaus rechts abbiegt, findet nach 20 Metern den Weg zur Bogenwiese. Vor herumschwirrenden Pfeilen muss niemand Angst haben: Die Wiese ist durch Hecken und einen Zaun geschützt.

Der Ausflug zur 700 Quadratmeter großen Bogenwiese ist ein kleiner Ausflug in die Vergangenheit. In der rustikalen Bogenschützen-Werkstatt lagern Leder, Fell und Schnüren – daraus basteln sich die Sportler ihre Köcher und Armschützer selbst. Dort vermittelt Trainer Michael Handick in Kursen die Kunst des traditionellen Bogenschießens. Die einstige Jagd- und Kriegswaffe dient vielen Menschen heute als Ausgleichssport, fortgeschrittene Schützen trainieren auf dem Platz bis zur Turnierreife.

Während Fortgeschrittene mit Langbogen schießen, wie man sie aus Robin Hood-Filmen kennt, starten Kinder und Anfänger mit einem Recurvebogen. Durch seine Kurven sorgt er dafür, dass die Sehne nicht herunterrutscht. Mit den Pfeilen aus Aluminium können die Kinder dann Luftballons zum Platzen bringen – wenn sie den Bogen raus haben. Und dazu gehören die richtige Haltung, Konzentration und Spannung. Traditionelle Bogenschützen arbeiten nicht mit einer Visier-Einrichtung, sondern verlassen sich auf ihre Hand-Auge-Koordination. Und die kommt schneller als gedacht: Dank der kindgerechten Einweisung haben die Nachwuchs-Schützen schnell erste Erfolgserlebnisse. pin

Anfahrt Parkplatz an der Straße „Am Rombergpark“ in Höhe der Hausnummer 49, oberste Ebene, Tel. 57 22 90, www.pfeilundbogenwelt.de; Schnupperkurs so 14-15.30 Uhr **Kosten** Kinder bis 1 Jahre 8 Euro inkl. Leihgebühr, Erwachsene 12 Euro **Tipp** Bei einem Kindergeburtstag bekommen die Kinder zunächst eine Einweisung und absolvieren dann ein kleines Bogen-Turnier.

056 Capoeira

ab 3

Wer Capoeira noch nicht kannte, wusste wohl spätestens nach der Fußball-WM in Brasilien Bescheid: Capoeira ist eine brasilianische Kampfkunst, oder vielmehr ein Kampftanz, bei dem Musik eine große Rolle spielt. In Dortmund gibt es einige Kurse, in denen schon Kinder die schnellen, akrobatischen Bewegungen üben können.

Wer südamerikanische Rhythmen liebt und sich gleichzeitig für tänzerisch-wendige Akrobatik begeistert, ist beim Capoeira genau richtig. Im Mittelpunkt stehen nicht nur Kampf oder Verteidigung, sondern auch Spaß an der Bewegung zur Musik. Charakteristisch für Capoeira ist die „Roda“, der Kreis oder Halbkreis, den die anderen Capoeirista um die Tänzer bilden. Während die Umstehenden mit traditionellen Schlag- und Rhythmusinstrumenten wie der Berimbau oder dem Pandeiro die typische aufpeitschende, leicht monotone Musik machen und singen, improvisieren die Spieler in der Mitte, springen über den Boden, stehen Kopf, treten hoch in die Luft, weichen einander kunstvoll aus. Gerade durch die Musik und das gemeinschaftliche Erlebnis kommt Capoeira wohl auch bei vielen Kindern gut an.

Die Capoeira-Tradition ist schon mehrere hundert Jahre alt. Afrikanische Sklaven in Brasilien erfanden Capoeira als Selbstverteidigung gegen ihre portugiesischen Herrscher. Musik und tänzerische Elemente dienten dabei der Tarnung: So konnten die Sklaven gegenüber ihren Kolonialherren behaupteten, nur zu tanzen.

Schon Kinder ab 3 Jahren können mit Capoeira beginnen, zum Beispiel im Verein Biriba Brasil, der im Kreuzviertel und in der Nordstadt Trainings anbietet, oder in der Gruppe „Palma de Bimba“ von Prof. Kléber Batista da Silva, die in Rahm, Husen und Bövinghausen trainiert. pin

Info Verein Biriba Brasil: www.biriba-brasil.com **Kosten** Kinder bis 12 Jahre 8 Euro/Monat, bis 18 Jahre 15 Euro/Monat; Gruppe Palma de Bimba: www.mundo-capoeira.de, Tel.; 9 50 81 15, Kosten: Kinder bis 18 Jahre 20 Euro/Monat

057 Dietrich-Keuning-Haus

bis 12

Das Dietrich-Keuning-Haus (DKH) in der Nordstadt ist seit über 30 Jahren nicht nur ein kulturelles Veranstaltungszentrum, sondern auch ein beliebter Treffpunkt für Familien aus dem Stadtteil. Für Kinder und Eltern gibt es viele regelmäßige Angebote und den offenen Spielgarten mit wechselnden Angeboten.

Das Dietrich-Keuning-Haus liegt mitten in einer Grünfläche nördlich des Hauptbahnhofes. Zum Gebäudekomplex gehört auch das Nordbad, direkt gegenüber liegt der Skatepark – kein Wunder, dass Groß und Klein im und am DKH gern ihre Freizeit verbringen.

Schon die Kleinsten sind zur Spielgruppe eingeladen. Regelmäßig treffen sich Eltern im Elterncafé des DKH. Ältere Kinder können an einem Musicalprojekt teilnehmen, bei dem Bandprojekt
„RockKids“ einsteigen oder sich im Kinderparlament engagieren. Wer gerne kocht, darf sich als „Held am Herd“ versuchen, und wer sich lieber bewegt, wählt eines der Tanzangebote oder geht zum Parkour-Training für Kinder, das im Skatepark angeboten wird. Außerdem locken Chor-, Theater- und Bastelgruppen. Langeweile dürfte in diesen Räumen also nicht aufkommen. Organisiert werden die Workshops und Kurse vom pädagogischen Team des DKH sowie von Kulturschaffenden und Kreativen. Ein großer Teil der Angebote wird öffentlich gefördert und ist daher für die Kinder kostenlos.

Das Programm wechselt zweimal jährlich – es empfiehlt sich, regelmäßig im Internet nachzuschauen oder das Programmheft zu besorgen. Dort erfährt man auch von Ferien- oder Jahreszeitenprojekten. Und wer eine Familienfeier plant, der kann im DKH sogar Räume mieten. at

Adresse Leopoldstraße 50-58, Tel.: 50-25145, www.dkh.dortmund.de **Anfahrt** U-Bahn 41, 47 (Leopoldstraße), geöffnet: di-sa 10-22 Uhr, Kinder und Familienbereich: di-fr, 15-19 Uhr für Kinder von 7 bis zu 12 Jahren und Eltern mit Kleinkindern, Eintritt frei (einige Angebote kosten) **Tipp** Der ganzjährig geöffnete Spielgarten vor dem DKH ist der Renner: Dort können Kinder matschen, klettern, toben und je nach Jahreszeit auch pflanzen oder die Blumen gießen (di-sa).

058 Eislaufen

Entspannt gleiten, kunstvolle Pirouetten drehen oder große Sprünge machen – in der kalten Jahreszeit finden Schlittschuhläufer in Dortmund zwei eisige Arenen für das winterliche Vergnügen: das Eissportzentrum Westfalen und die Eishalle im Revierpark Wischlingen.

Das Eissportzentrum Westfalen, gelegen gleich neben der Westfalenhalle, ist nicht nur irgendeine Eislaufhalle. Der modernisierte Bau aus Glas und Stahl ist Bundesstützpunkt und Landesleistungszentrum für Eiskunstlaufen und Eistanzen in Deutschland. Dort trainieren auch Deutschlands Medaillenhoffnungen. In der Vergangenheit waren das etwa Rudi Cerne, Marina Kielmann oder Tanja Szewczenko. Wenn die Profis gerade nicht trainieren oder die Mannen des Eishockeyclubs „Eisadler Dortmund“ durch die Halle fegen, können alle anderen sich aufs Glatteis wagen. Denn natürlich kann man auf den 3600 Quadratmetern Eisfläche auch einfach nur Spaß haben. Vor allem dann, wenn DJs hier zum Disco-Eislaufen auflegen. Für Familien gibt es eigene Laufzeiten, ebenso wie für Senioren oder Teens.

Mit rund 2000 Quadratmetern ist die Eislaufhalle in Wischlingen kleiner. Dafür erwartet Kufenläufer dort ein ganz besonderes Vergnügen: Es gibt zwei höhenversetzte Eisflächen, die über eine Auf- und eine Abfahrtsrampe miteinander verbunden sind. An den Wochenenden verwandelt sich die Eishalle ebenfalls in eine Disco. Drinks können Besucher dann an der Pistenbar genießen. Ganz cool natürlich. ds

Adresse Eissportzentrum Westfalen: Strobelallee 32, Tel. 22 24 55 10, www.eissportzentrum-westfalen.de **Anfahrt** U-Bahn 46 (Westfalenhalle), geöffnet September bis April mo-fr 10-12 Uhr, mi+fr 16-18 Uhr (2,50 Euro), Familien sa/so 11-13 Uhr (2,50Euro) **Kosten** Schlittschuhverleih 4 Euro. **Adresse** Revierpark Wischlingen: Höfkerstraße 12 , Tel. 91 70 71 70; www.wischlingen.de **Anfahrt** S-Bahn 2 (Wischlingen), Bus 447 oder 465 (Revierpark); geöffnet Oktober bis März, di/mi, 14.30-17 Uhr, do/fr 14.30-17 Uhr und 18-22 Uhr, sa/so 9.30-12.30 Uhr, 14-17.30 Uhr, 19-22 Uhr **Kosten** Erwachsene 4,50 Euro, Kinder bis 18 Jahren 2,50 Euro, Schlittschuhverleih 4 Euro

059 Elternschulen

ab 0 Monaten

Eltern werden ist nicht schwer, Eltern sein dagegen sehr... Die Elternschulen der Kliniken unterstützen Mütter und Väter, bringen sie miteinander in Kontakt.

Ob es ums Impfen oder Stillen geht, um die Ernährung oder das Fitness-Programm nach der Geburt: Mütter und Väter haben vor und nach der Einbindung viele Fragen, auf die die Hebammen, Ärzte und Kursleiter in den Elternschulen der Kliniken Antworten geben.

Schon in der Schwangerschaft können Frauen in Kursen wie „Yoga für Schwangere" andere werdende Mütter kennenlernen – zum Beispiel im Elterntreff des St.-Johannes-Hospitals im Klinikviertel oder nebenan in der Elternschule des Klinikums. Nach der Geburt kann man dann mit dem Mama-Baby-Yoga gleich weitermachen. Außerdem im Angebot der Elternschulen bzw. -treffs: Still-Café, Babymassage, musikalische Früherziehung, Vorträge zu Themen wie Ernährung oder Unfallverhütung. Im Elterncafé „Kleine Kämpfer" am Klinikum treffen sich monatlich Eltern von Frühgeborenen und kranken Neugeboren, um sich auszutauschen.

Auch die Elternschule des Josefino (St.-Josefs-Hospital) in Hörde bietet Eltern zahlreiche Kurse von der Rückbildung übers Babyschwimmen und Pekip bis zu kostenlosen Infoabenden übers Stillen. Auf dem Programm der Elternschule im Knappschaftskrankenhaus in Brackel stehen neben den klassischen Kursen auch z.B. Wohlfühltage für Mütter nach einem Kaiserschnitt oder „Basteln fürs Kinderzimmer". Geschwisterkinder können ihr „Geschwister-Diplom machen", eine Heilpraktikerin stellt vor, wie man Krankheiten homöopathisch behandeln kann, und eine Trage-Beraterin erklärt den Umgang mit verschiedenen Tragesystemen. Eine Erzieherin bietet in der Elternschule des Knappschaftskrankenhauses gar Kindergeburtstage an. pin

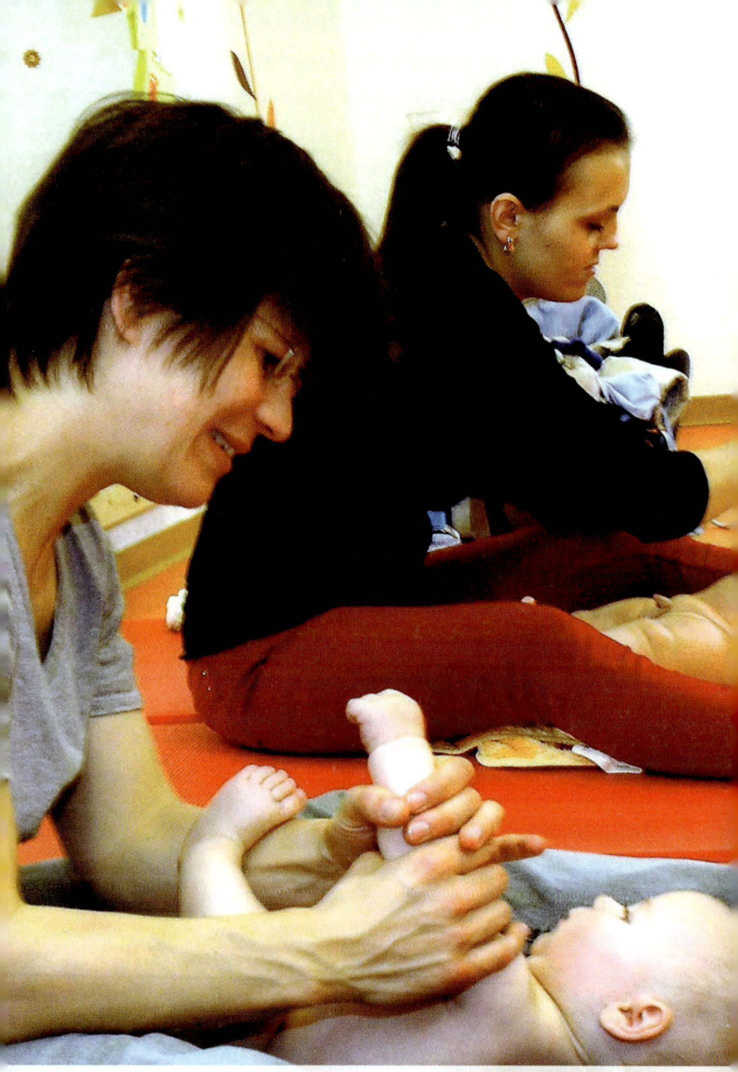

Infos und Adressen Elterntreff im St.-Johannes-Hospital: Hoher Wall 14-18, Tel. 1 84 33 56 50, www.joho-dortmund.de/elterntreff.html; **Elternschule am Klinikum:** Beurhausstr. 40, Tel. 95 30, www.klinikumdo.de/fuer-patienten/elternschule/elternschule.html; **Elternschule im Josefino:** Am Ölpfad 10, Eingang Eckardtstr., Tel. 43 42 23 23; **Elternschule des Klinikums Westfalen** (Knappschaftskrankenhaus): Am Knappschaftskrankenhaus 1, Tel. 9 22 12 52, http://bit.ly/1mDeLan.

060 Erlebniswelt Fredenbaum – Big Tipi

2-16 | 0 €

Die Erlebniswelt Big Tipi ist ein großer Abenteuerspielplatz im Fredenbaumpark, dessen Hauptattraktion ein 35 Meter hohes Indianerzelt ist. Das weitläufige Gelände bietet alles, was Kinder für einen perfekten Tag brauchen: Seilgarten, Spielplätze, Lagerfeuer und sogar Tiere.

Weithin sichtbar ragt das größte Indianerzelt der Welt durch die Baumwipfel des Fredenbaumparks im Dortmunder Norden. Keine Frage, das Big Tipi, das die Stadt von der EXPO 2000 erstanden und 2014 umfassend saniert hat, ist eine beeindruckende Erscheinung. Nicht weniger beeindruckend geht es im Inneren des Riesenzeltes zu: Dort ist ein Hochseilgarten untergebracht. Gut gesichert schwingen Kinder in den Seilkonstruktionen unterhalb der Zeltkuppel.

Außerhalb der Zeltplane lädt eine liebevoll aufgebaute Erlebniswelt zum Mitmachen ein – der Name ist definitiv Programm. Auf dem 30.000 Quadratmeter großen Areal können Kinder Ziegen streicheln und Hühner beobachten, am Lagerfeuer sitzen, eine Hüttenstadt entdecken, auf feinem Strandsand Volleyball spielen, die Natur erforschen, auf selbst entworfenen Spielgeräten klettern und balancieren und sogar einen weiteren kleinen Kletterseilgarten ausprobieren. Seit einigen Jahren schmückt sich das Gelände mit dem ersten barrierefreien Spielplatz Dortmunds, dessen weitläufige Spiellandschaft für zusätzliche Abwechslung sorgt.

Die meisten Angebote können die Besucher in Eigenregie nutzen. An den Wochenenden zählt das Big Tipi zu den beliebten Treffpunkten für Familien – jeder freie Tag vergeht dort wie im Flug. Außerdem ist man vom Big Tipi-Gelände aus schnell im Fredenbaumpark, wo weitere Spielplätze, eine Minigolfanlage, ein Teich mit Tretbootverleih und ein Biergarten auf Gäste warten. at

Adresse Lindenhorster Str. 6, Tel. 28 66 89 80, www.bigtipi.dortmund.de **Anfahrt** U-Bahn 41 (Fredenbaum); geöffnet: di-so 10-18 Uhr, Klettern: so 15-17.30 Uhr **Kosten** frei, Klettern für Kinder (ab einer Größe von 1,30 Meter) ist 2014 kostenlos. **Tipp** Kindergeburtstage kann man auf dem Gelände nach Rücksprache mit dem Team in Eigenregie feiern. Außerdem gibt es ein Angebot für organisierte Kinder-Partys; Infos unter Tel. 0176-70 84 19 50 oder 0176/6 39 86 31 37.

061 Fahrradstrecken für Kinder **0 €**

Endlich können die Kinder Rad fahren - doch bis sie sich im Straßenverkehr bewegen können, sind verkehrsarme Touren angesagt. Davon hat Dortmund einige.

Für Rad-Anfänger oder Kinder auf dem Laufrad ist eine 3,2 km lange Runde um den Phoenixsee genau das Richtige. Auf den Spielplätzen kann man zwischendurch ausruhen, und am Westufer warten zwei Eisdielen.

Der Phoenixsee liegt direkt am Emscherweg. Dieser 101 km lange Radweg führt von der Emscherquelle in Holzwickede bis zur Mündung in den Rhein mitten durch Dortmund. Er verläuft meist parallel zur Emscher, ist gut ausgeschildert und flach. Der Abschnitt Phoenixsee bis Emscherquelle durch Aplerbeck und Sölde ist 13 km lang. In die andere Richtung kann man über Dorstfeld zum Hafen fahren.

Auch am Dortmund-Ems-Kanal lässt es sich gut mit Kindern radeln. Wer ab Fredenbaumpark am Kanal Richtung Westen fährt, landet nach etwa 17 Kilometern am Schiffshebewerk Henrichenburg – ein schöner Tagesausflug.

Perfekt für Familientouren sind ehemalige Bahntrassen: Sie liegen abseits vom Autoverkehr, haben wenige Steigungen und bieten teils leicht erhöhte Ausblicke. Gut 3 km lang ist der Bahntrassenweg zwischen Güntherstraße (östliche Innenstadt) und Phoenix West – das Ende der Trasse liegt gleich am Westfalenpark-Eingang „Hörde“. Auf dieser Strecke muss zwei Mal eine Straße überquert werden.

„Gneisenau-Trasse“ heißt die ehemalige Bahnstrecke zwischen Zeche Gneisenau in Derne und dem Lünener Preußenhafen. Sie ist 6,5 km lang und führt vom neuen Stadtteilpark Gneisenau bis zum Datteln-Hamm-Kanal. Zum Seepark Lünen ist es dann nicht mehr weit. Im Süden liegt die Trasse „Rheinischer Esel“: Ab Löttringhausen fährt man 6,7 km über Witten bis Bochum-Langendreer. pin

Adresse Einen Überblick über Bahntrassen-Radwege gibt die Webseite www.bahntrassenradeln.de. Der ADFC (Allgemeiner Deutscher Fahrrad-Club) bietet in den Sommerferien kostenlos Fahrradtrainings für Jung und Alt auf dem Verkehrsübungsplatz im Fredenbaum. Termine: www.adfc-nrw.de

062 Freibäder

0-101

Wenn die Sonne brennt und sich die Hitze zwischen den Häusern staut, dann wird es Zeit, die Badematte einzupacken und den Tag in einem der sieben Dortmunder Freibäder zu verbringen. Für viele Familien ist das „Froschloch“ der Favorit.

Weißer Sand, Strandkörbe und chlorfreies Wasser – das Naturbad Froschloch in Hombruch spricht vor allem Familien an. Große Bäume spenden Schatten, und die Kleinen können im Kinderbecken planschen oder sich auf dem Spielplatz austoben. Das Naturbad hat ausreichend Liegeflächen, gleichzeitig ist es übersichtlich genug, um die Kinder nicht aus den Augen zu verlieren. Wohl auch deshalb zieht es viele Familien in Dortmunds schönstes Freibad.

Eine gute Alternative im Süden ist auch das kleine Freibad in Wellinghofen. An sanften Hängen gelegen tummeln sich im Sommer viele Familien mit Kindern auf den Liegewiesen. Ein Schwimmer- und ein Nichtschwimmerbecken mit kleiner Rutsche sorgen für Abkühlung an heißen Tagen.

Etwas weniger beschaulich geht's im Freibad Hardenberg direkt am Dortmund-Ems-Kanal in Deusen zu. Mit mehr als 4000 qm^2 Schwimmfläche ist es Dortmunds größtes Freibad. Im Mai 2014 wurde es nach umfassender Sanierung neu eröffnet. Planschbecken, 65-Meter-Doppelrutsche, Strömungskanal: Wer ein bisschen mehr Action sucht, ist hier genau richtig. Allerdings muss dafür richtig die Sonne knallen, das Freibad Hardenberg ist nämlich nicht beheizt.

Noch mehr Action gibt's dann nur noch im Freibad im Revierpark Wischlingen. Das 60 Meter lange Wellenbad mit echtem Sandstrand ist ein Besuchermagnet. Nicht zu vergessen: Das Freibad Stockheide im Dortmunder Norden am Hoeschpark, das kleine Freibad mit großer Rutsche in Derne und das Freibad „Volkspark“ direkt am Stadion. nd

Infos www.sportwelt-dortmund.de und www.wischlingen.de; geöffnet von Mai bis Ende August/Anfang September

063 Geocaching

ab 6

0 €

Geocaching ist die moderne Variante der guten alten Schnitzeljagd. Selbst Stubenhocker lassen sich von der Aussicht auf eine Schatzsuche mit GPS in den Wald locken.

Fast 1500 Geocaches, also ausgelegte Schätze, liegen in allen Ecken Dortmunds und warten darauf, gefunden zu werden: im Park, Wald oder mitten in der Stadt. Zum Ausprobieren reicht ein Smartphone mit GPS-Funktion oder ein Auto-Navi, bei dem man Koordinaten eingeben kann.

Welche Caches wo versteckt sind, lässt sich im Internet nachlesen, z.B. unter www.geocaching.com und www.opencaching.de. Dort findet man die GPS-Koordinaten. Für jeden Cache sind außerdem Schwierigkeitsgrad und Schatz-Typ beschrieben. Am häufigsten sind „Tradis" (eine Station), „Multis" (mehrere Stationen auf einer Route) und „Mystery-Caches" (es müssen Rätsel gelöst werden). Außerdem sind hilfreiche Informationen hinterlegt – etwa, ob das Ziel auch mit dem Rad oder Kinderwagen erreicht werden kann.

Es sind die Geocacher selbst, die sich die Verstecke und Hinweise dazu ausdenken. Bei Mehr-Stationen-Suchen sind oft kleine, phantasievolle Rätsel zu lösen, die zur nächsten Station führen. Die Selbstkontrolle der Geocaching-Gemeinschaft funktioniert gut. Ist eine Schatzdose mal verschwunden oder ein Hinweis nicht mehr lesbar, wird das schnell veröffentlicht und behoben.

Eine wichtige Regel für die Sucher lautet: Schön unauffällig bleiben und sich nicht beobachten lassen. So bleibt es auch für die Kinder spannend.

Am Ziel können sich die Finder in ein Logbuch eintragen. Echte Schätze liegen an den Zielorten natürlich nicht – das Finden ist die Belohnung. Oft liegen aber kleine Gegenstände in den Dosen. Wer etwas Neues reinlegt, darf etwas mitnehmen. nd

Infos www.geocaching.com (offizielle Seite), www.opencaching.de (deutsche Geocaching-Seite), www.geocaching.de (deutsche Seite mit vielen Einsteigertipps) **Tipp** Ab und zu bietet der Westfalenpark Geocaching mit Einführung für Einsteiger. Wer häufiger auf Suche gehen möchte, sollte sich einen GPS-Empfänger (ab rund 100 Euro) mit genauer Ortsbestimmung kaufen.

064 Hallenbäder

0-101

Planschen, rutschen und natürlich Schwimmen lernen: In den zwölf Dortmunder Hallenbädern spielt es keine Rolle, welches Wetter draußen herrscht.

Nord-, Süd-, oder Westbad – die Namen verraten es, Dortmunds Hallenbäder verteilen sich im gesamten Stadtgebiet. Das Westbad ist bei Eltern von Kleinkindern wegen seines warmen, flachen Planschbeckens (max. 35 cm) beliebt. Wer gerne rutscht, kommt in Mengede, Wischlingen, Hombruch, Hörde oder im Nordbad auf seine Kosten. Die älteren Kinder finden fast überall Startblöcke zum „Köpper“ üben und Ein- sowie Drei-Meter-Sprungbretter. Im Südbad gibt es auch Sprungtürme mit Plattformen in fünf, siebeneinhalb oder zehn Metern Höhe.

Chlorfreies Baden ganz ohne rote Augen versprechen die Solebäder „Die Welle“ in Scharnhorst und das Solebad Wischlingen. Obwohl der Revierpark Wischlingen kein städtisches Bad ist, sind die Preise moderat und familienfreundlich: Zwei Erwachsene mit bis zu drei Kindern können für 15 Euro zwei Stunden zusammen planschen.

Die Hallenbäder in Mengede, Scharnhorst und Hörde bieten Specials für Kindergeburtstage. In Mengede sind für zehn Euro zwei Stunden Schwimmen, Essen und Getränke inklusive. „Die Welle“ in Scharnhorst hat den Samstagnachmittag extra für Geburtstagsgruppen reserviert. In Hörde ist auch eine Unterwasserparty möglich: Das Hallenbad bietet für Geburtstagsgäste ab acht Jahren einen dreistündigen Schnuppertauchkurs, Schwimmkenntnisse vorausgesetzt.

Sonntags schließen die meisten Bäder am frühen Nachmittag. Wer später schwimmen möchte, kann das zum Beispiel im Westbad in Dorstfeld oder im Revierpark Wischlingen, die bis spät in den Abend geöffnet haben. nd

Adresse www.schwimmbaeder.dortmund.de (Liste aller Dortmunder Bäder) **Tipp** In den meisten städtischen Hallenbädern dürfen Kinder unter sechs Jahren in Begleitung der Eltern kostenlos planschen.

065 Hochseilgarten im Revierpark

ab 5

Im Naturhochseilgarten mitten im Revierpark Wischlingen können Klettermaxe ab 5 Jahren unter fachlicher Anleitung die Bäume hochgehen - und die ganze Familie mitnehmen. Zur Auswahl stehen 13 Parcours.

Natürlich ist dieses Vergnügen nicht ganz ungefährlich. Deshalb kommt im Klettergarten ein Vollgurtsystem zur Sicherung der Kletterer zum Einsatz. Alle Teilnehmer bekommen einen Helm und Handschuhe gestellt. Und natürlich erhält jede Klettergruppe eine umfangreiche Sicherheitseinweisung, bevor es hoch in die Bäume geht. Wie hoch, das hängt vom Alter ab. Die Kleinsten klettern in einer Höhe von zweieinhalb Metern, Erwachsene haben bis zu 17 Meter Abstand zum Waldboden.

Die Kletterer erwarten spannende Stationen mit Hindernissen, die von Baum zu Baum führen und die es zu überwinden gilt. Jede Station ist auf einer Plattform auf Bäumen angebracht. Die Plattformen sind durch Stahlseile, Hängebrücken, schwankende Bohlen bis hin zum Tarzanseil oder Seilrutschen miteinander verbunden. Nun gilt es, sich von Plattform zu Plattform durch die Parcours zu arbeiten, wobei jeder Gast durch Klettergurte und Seile gesichert ist.

Der Hochseilgarten bietet verschiedene Parcours unterschiedlicher Schwierigkeitsgrade. Die Veranstalter versichern deshalb: „Jeder, der eine Leiter hochkraxeln kann, ist für den Hochseilgarten geeignet. Vielmehr als sportliche Fitness stehen Spaß und die persönliche Herausforderung im Vordergrund.“ vB

Adresse Höfkerstr. 12, Tel. 17 65 32 5 und 01805 / 8 73 32 87 33, www.tree2tree.de **Anfahrt** Buslinien 447 und 465 (Revierpark) S-Bahn 2 (Wischlingen); geöffnet täglich 10-19.30 Uhr bis 30. September, 1. Oktober bis 2. November täglich 10 Uhr bis Sonnenuntergang **Kosten** Kinder (5-10 Jahre) 11 Euro, Jugendliche (11-16 Jahre) 20 Euro, Erwachsene (ab 17 Jahre) 25 Euro **Tipp** Für das Klettern eignet sich bequeme Außenbekleidung. Hosen sollten nicht zu eng sitzen und Regenjacken nicht zu lang sein.

066 Indoor-Spielplätze

Man nehme eine Halle, riesige Kletterlandschaften, dazu Rutschen, Trampoline, ein Bällebad, damit Kinder sich so richtig austoben können - fertig ist der Indoor-Spielplatz. In Dortmund gibt es davon zwei: Monkey Town und Fritzis Kinderwelt, beide in der Nordstadt gelegen.

Im Monkey Town ist der Name Programm. Nicht nur, dass die Wände der großen Halle mit Dschungel-Graffiti verziert sind: Einen großen Teil der Halle nimmt ein mehrstöckiger Kletterparcours ein, an dem sicher auch echte Affen ihren Spaß hätten. Kinder können durch Tunnel und Röhren kriechen, sich nach oben und nach unten vorarbeiten, Wackelbrücken meistern und schließlich auf einer der vielen Rutschen den Kletterurwald wieder verlassen – um ihn dann sofort aufs Neue zu erkunden.

Wer genug vom Klettern hat, kann langen Rodelrutschen hinabsausen, auf Trampolinen in die Lüfte springen, eine Hüpfburg emporklettern oder mit überdimensionalen Bausteinen eine Burg erschaffen. Eine weitere Attraktion ist eine Monorail, eine Art pedalbetriebene Schwebebahn, auf der Klein und Groß in luftiger Höhe über die Abenteuerwelt hinweg gleiten.

Für Kleinkinder gibt es einen separaten Bereich samt Bällebad. Hier gibt es einen Hindernisparcours, der es den Krabbelkindern aber nicht allzu schwer macht. Stürze werden mit dicken Matten weich abgefedert.

Fritzis Kinderwelt ist kleiner als Monkey Town, was den Kinder-Spaß jedoch nicht schmälert. Auch dort wartet ein großer Kletterparcours mit Tunnel, Rutschen oder Bällebad auf kleine Entdecker. ds

Adresse Fritzis Kinderwelt Evinger Straße 176, Tel. 1 76 87 70; www.fritzis-kinderwelt.de, geöffnet mo-fr 14-19 Uhr, sa 11-18 Uhr, sonn- und feiertags 11-19 Uhr **Anfahrt** U 41 (Zeche Minister Stein); **Kosten** Kinder bis 3 Jahre 4,50 Euro, ab 4 Jahren 6,50 Euro, pro Kind ein Erwachsener frei
Monkey Town: Schlägelstr. 58, Tel. 8 64 45 55; www.monkey-town.com; geöffnet mo-fr 14-19 Uhr, sa/so und in den Ferien 10-19 Uhr **Anfahrt** U 42 (Glückaufstraße); geöffnet mo-fr 14-19 Uhr, sa/so und in den Ferien 10-19 Uhr **Kosten** Kinder 1 bis 3 Jahre 5,50 Euro, ab 4 Jahren 7,50 Euro, Erwachsene frei.
Tipp Rutschsocken mitnehmen – damit können die Kinder am besten klettern und spielen.

067 Kinder-Ferien-Party

6-13

0 €

Wenn Dortmunder Kinder in den ersten beiden Ferienwochen nicht in Urlaub fahren wollen, hat das einen guten Grund: die Kinder-Ferien-Party. Seit 1969 Jahren sorgt die „Mutter aller Kinderferienspiele" für Spiel, Spaß und Staunen. Dank vieler Spenden und Unterstützer aus der Region ist das Angebot kostenlos.

Jeden Tag kommen bis zu 4000 daheimgebliebene Ferienkinder in die Helmut-Körnig-Halle an der Strobelallee. Wo sonst Leichtathleten oder Fußballer trainieren, finden in den Sommerferien Wettbewerbe der bunteren Art statt.

Sport ist in der großen Turnhalle natürlich ein großes Thema. Es gibt Tore zum Fußball spielen, Tischtennisplatten, Basketball und Minigolf, die Kinder können ein Boxtraining absolvieren, tanzen und in einem Pool sogar schnuppertauchen.

Der Ferienspaß ist aufgeteilt in Sport, Spiel, Kreativität, Erlebnis und Unterhaltung. Zu jedem Bereich gehören mehrere Stationen. So warten etwa ein Klettergerüst und eine Hüpfburg auf Eroberer, an einer Malstation verlangen weiße Blätter nach bunten Farben, in einer Schminkecke verwandeln sich die Kinder in Phantasiegestalten, beim Basteln und Gestalten entstehen Collagen oder Mobiles. Zu den Highlights 2014 zählte eine Kartbahn vor der Halle, auf der die Kinder ihre Runden drehen konnten. Beliebt waren auch der Mitmachzirkus, bei dem Kinder ein Zirkusprogramm einstudierten und aufführten, und das Ratespiel „1, 2 oder 3".

Eltern können die Kinder in der Halle auch alleine lassen: An jedem Spielangebot stehen verantwortliche Erwachsene, die die Spiele erklären und bei Fragen behilflich sind. Es gibt aber auch einen Elternbereich. ds

Adresse Strobelallee 40, Tel. 47 73 48 16; www.kinderferienparty.de **Anfahrt** U-Bahn 45 (Westfalenhallen); geöffnet in den ersten beiden Sommerferienwochen 10-17 Uhr, Anmeldung nicht nötig.

068 Kinder-Tanzkurse mit Eltern

ab 1

Tanzen macht glücklich - Kinder ebenso wie Eltern. Tanzend üben Kinder, ihren Körper zu koordinieren, schulen ihr Gefühl für Rhythmus und trainieren die Beweglichkeit. Sobald die Kinder laufen können, kann's losgehen.

In der „Kindertanzoase" der Erzieherin und Tanzpädagogin Angela Habermann beginnt die tänzerische Früherziehung schon ab dem ersten Geburtstag. Der Kurs richtet sich besonders an Familien, die noch keinen Kitaplatz haben. Bei den „Pampersrockern", so der Kursname, machen Eltern mit ihren Kindern gemeinsam Fingerspiele und singen Mitmachlieder, tanzen, basteln, bewegen und entspannen sich. Kleinkinder zwischen 2 und 4 Jahren kommen mit ihren Eltern dann zum Eltern-Kind-Tanz. Spielerisch setzen sie phantasievolle Geschichten in Bewegung um.

Größere Kinder ab 5 Jahren können in der Tanzoase auch Bauchtanzen – Schleier und Glitzer-Kostüm inklusive. Auch zweistündige Kindergeburtstage lassen sich in der Kindertanzoase feiern, z.B. eine Orient-Party, Zirkus-Party oder ein Prinzessinnen-Geburtstag (ab 4 Jahren, 90 Euro für 6 Kinder).

Gemeinsam mit den Eltern tanzen Kinder ab 2,5 Jahren auch im Modern Dance Center am Westenhellweg. Die „Tanzzwerge"-Kurse sind begehrt, ebenso die darauf aufbauende tänzerische Früherziehung. Ab 8 Jahren können sich die Kinder im Modern Dance Center auf Ballett, Jazz oder Modern Dance spezialisieren.

In Gruppen von etwa 10 Eltern-Kind-Paaren bietet der Verein „TSC Heaven and Hell" in Brackel Kindern ab 2 Jahren einen spielerischen Einstieg in die Tanz-Welt mit Liedern, Bewegungsspielen, Tänzen, Versen oder Fingerspielen. Geschwister dürfen mitkommen. pin

Adressen **Kindertanzoase**, Brackeler Hellweg 43, Tel. 0163-8 76 45 06, www.orientstern-angela-naima.de; **Tanzhaus Dortmund**, Gutenbergstr. 74, Tel. 53 22 94 43, www.tanzhaus-dortmund.de; **Modern Dance Center**, Westenhellweg 60-62, Tel. 14 53 92, www.moderndancedenter.de; **TSC Heaven and Hell Dortmund e.V.**, Brackeler Hellweg 43-45/Eingang Wieckesweg, Tel. 5 33 19 27, www.tsc-heaven-and-hell.de

069 Kletterhalle Bergwerk

ab 6

Im ehemaligen Turbokompressorengebäude der Kokerei Hansa finden Kletterfans Idealbedingungen für ihren Sport. Für Kinder gibt es eigene Kletter- und Spielbereiche. Wer den Sport einmal ausprobieren mag, kommt zum zweistündigen Schnupperklettern. Auch Kindergeburtstage in der Halle sind möglich.

Die Kletterhalle Bergwerk ist Deutschlands größte Indoor-Kletterhalle: Sie hat 3600 Quadratmeter Kletterfläche und bietet über 400 Klettertouren. „Nordwand", „Elefant" oder „Aztekentempel" – die Routen, die man erklimmen kann, klingen abenteuerlich. Und das ist Klettern tatsächlich. Neben Kraft, Ausdauer und Körperkoordination braucht man eine ganze Menge Mut, die bis zu 20 Meter hohen Wände hochzukraxeln. Es geht aber auch eine Etage tiefer: In der 1600 qm großen Boulder-Halle klettert man ohne Seil und Gurt in Absprunghöhe. Für Kinder gibt es einen eigenen Boulder-Bereich.

Klettern ist ein Teamsport und daher ein Hobby für die ganze Familie. So können Eltern, die lieber am Boden bleiben, einen Sicherungskurs machen und ihr Kind fortan beim Klettern selbst sichern. In anderen Kursen lernen Anfänger Klettertechniken und das Vorstiegklettern – also sich mit dem Seil selbst zu sichern.

Im Sommer kann man auch draußen klettern, zusätzlich bietet die Anlage einen Strand und Beachvolleyballfelder, Slacklines (Gummibänder zum Balancieren) und einen Biergarten mit Grillplätzen. pin

Adresse Emscherallee 33, Tel. 1 35 66 35, www.kletterhalle-bergwerk.de **Anfahrt** U-Bahn 47 (Buschstraße), geöffnet mo-fr 14 bis 23 Uhr, sa/so und an Feiertagen 10-22 Uhr, Gruppen vormittags nach Vereinbarung **Kosten** Tageskarte Erwachsene 12 Euro, Kinder unter 12 Jahren 6 Euro, Schüler/Studenten 11 Euro, Familienrabatt: Eltern zahlen voll, Kinder halb. Leihgebühren für Ausrüstung: 7,50 Euro; Kinder- und Jugend-Kletter-Club 40 Euro/Monat **Tipp** Anfänger sollten sich vorher telefonisch melden und einen Schnupperkurs besuchen. Daran können Erwachsene und Kinder teilnehmen. Für gestresste Eltern bietet die Halle außerdem eine Sauna.

070 Kletterturm Dorstfeld

ab 10

0 €

Der Kletterturm in Dorstfeld ist ein Sportabenteuer für Groß und Klein: An diesem künstlichen Felsen können klettererfahrene Eltern mit ihren Kindern auf verschiedenen Routen in die Höhe steigen. Gipfelstürmer werden mit einem interessanten Ausblick belohnt.

Mitten im Wohngebiet von Dorstfeld heißt es: Der Berg ruft! Zwischen den Häusern ragt ein 17 Meter hohes künstliches Massiv in den Himmel, aufgestellt vom Deutschen Alpenverein (DAV) und der Stadt. Hell und hoch thront der Kletterturm auf einer großen Wiese. Im Frühjahr und Sommer ist er ein beliebter Treffpunkt für Kletterfans. Der Fels bietet ganz unterschiedliche Schwierigkeitsgrade – auch leichte Touren für Kinder sind dabei, etwa die Route „Rotznase", die die Kleinen zusammen mit ihren Eltern ausprobieren können. Farblich markierte Griffe am Turm weisen den Weg nach oben. Für weniger geübte Familien bietet der DAV regelmäßig Kurse an.

Ansonsten dürfen sich alle am Massiv abarbeiten, die im Vorstiegsklettern geübt sind – sich also selbst mit Seilen sichern können – und ihre Seile und Sicherheitsgurte selbst mitbringen. Das gilt natürlich auch für eingeschworene Kletter-Familien. Es sei denn, eine Gruppe des DAV trainiert gerade am Turm, denn der Verein hat am Kletterturm das Vorrecht. Wer keine Lust mehr auf den Gipfelsturm hat, kann sich mit seinen Kindern auf dem Spielplatz neben dem Kletterturm vergnügen. Eine kleine Wackelbrücke führt zum Spielareal mit Holzschaukeln und Klettergerüst. Außerdem bietet das Gelände viel Platz, um sich auf der Wiese von dem anstrengenden Aufstieg zu erholen oder den anderen bei ihren Kletterabenteuern zuzuschauen. at

Adresse Vogelpothsweg 12, Tel. 1 68 66 (Dt. Alpenverein), www.alpenverein-dortmund.de **Anfahrt** S1 (Dorstfeld Süd); geöffnet mo-so. Kletterkurse des DAV: mo, mi, fr ab 18 Uhr; Eintritt: frei zugänglich – aber sämtliche Routen sind nur im Vorstieg zu klettern, bitte Seil und Sicherungsmaterial selbst mitbringen **Tipp** Wer mit seinem Kind einen Kletterkurs machen möchte, kann montags und donnerstags von 14 bis 17.30 Uhr bei der Sektion Dortmund des Alpenvereins die Trainingszeiten erfragen.

071 Mehrgenerationenhaus Mütterzentrum Dorstfeld

0-5

Der Name täuscht: Das Mütterzentrum Dortmund steht nicht nur Frauen mit Kindern offen. Väter, Großeltern, ganze Familien mit ihren Kindern sind dort ebenso willkommen. Besonders beliebt ist das Café im Mütterzentrum - der ideale Treffpunkt für junge Eltern.

Fällt einem zu Hause mit dem kleinen Kind die Decke auf den Kopf, finden Eltern im Café schnell Kontakt zu anderen jungen Familien – und müssen keine schiefen Blicke befürchten, wenn die Kleinen einmal lauter werden, und auch kein Kopfschütteln am Nachbartisch, wenn der Saft umkippt. Das Café hat einen angeschlossenen Spielbereich und kann bei gutem Wetter zudem noch einen Garten bieten, den die Kinder frei nutzen können. Außerdem gibt es einen Still- und einen Wickelraum. Damit zählt das Café zu den kinderfreundlichsten Orten Dortmunds: Die Interessengemeinschaft „locations-for-kids“ verpasste ihm nach einem Testbesuch die Bestnote. Das Café bietet auch einen Mittagstisch. Allerdings muss der jeweils bis 10.30 Uhr vorbestellt werden. Den Menüplan gibt es auf der Internetseite des Mütterzentrums.

Das Mütterzentrum bietet Eltern aber mehr als kinderfreundlichen Kaffeeklatsch. Jeden Tag laufen dort mindestens ein halbes Dutzend Kurse – von der Krabbel- und Spielgruppe über Musikschulkurse und Märchenstunden bis zur Rückbildungsgymnastik mit Baby und Zumba nur für Mamas. Der Kurs „Elternstart“ bietet Austausch und professionelle Begleitung für Neu-Eltern. Das Projekt „Wunschgroßeltern“ im Mütterzentrum bringt kinderliebe Seniorinnen und Senioren mit Familien zusammen, die sich eine Oma oder einen Opa in der Nähe wünschen. vB

Adresse Hospitalstraße 6, Tel. 14 16 62, www.muetterzentrum-dortmund.de **Anfahrt** U-Bahn 43, 44 (Wittener Straße); geöffnet mo-fr 9-18 Uhr, sa geschlossen; Abendtermine und Sonntag je nach Programm **Tipp** Einmal im Monat gibt es sonntags zwischen 10 und 14 Uhr ein Familienbrunch mit warmem und kaltem Buffet sowie Kinderbetreuung (14,90 Euro für Erwachsene, Kinder unter 4 Jahren frei). Frühzeitig reservieren.

072 Pekip-Kurse

ab 1 Monat

Nackte Babys sind glückliche Babys: Sie schreien weniger und wirken zufriedener. Aus dieser Erkenntnis heraus entstand in den 1970er-Jahren Pekip, das „Prager Eltern-Kind-Programm". Heute kommt kaum ein Baby an Pekip vorbei. Krankenhäuser haben den Kurs ebenso im Programm wie Familienzentren und Hebammenpraxen.

Was passiert beim Pekip? Nicht viel: Die Babys liegen nackt in einem warmen, mit Matten ausgelegten Raum, zusammen mit sechs, sieben weiteren Babys und ihren Müttern oder Vätern. Von Woche zu Woche können die Babys ein wenig mehr – der Pekip-Kurs begleitet sie dabei und fördert die Entwicklung. Das beginnt beim gezielten Greifen nach der Rassel. Später krabbeln die Babys zum Beispiel durch Spieltunnel und auf schiefe Ebenen und nehmen Kontakt zueinander auf. Am Ende stehen die ersten Schritte – dann ist der Kurs vorbei. Pekip ist vor allem Anregung und Begleitung durchs erste Lebensjahr. Es geht nicht darum, die Entwicklung zu beschleunigen.

Für Neu-Mamas und Papas bringt der Kurs vielerlei Nutzen. Sie lernen Eltern mit Kindern im gleichen Alter kennen – so entstehen Freundschaften, die oft die ganze Kindheit hindurch halten. Sie bekommen Gelegenheit, sich auszutauschen und von den Erfahrungen anderer Eltern zu profitieren. Und sie lernen ihr eigenes Baby besser kennen.

Der Kurs dauert etwa 90 Minuten, wobei das Baby das letzte Wort hat: Will es schlafen oder trinken, hat das Vorrang. Zu erkennen, wann dies der Fall ist – auch darum geht es beim Pekip.

Verschiedene andere Angebote haben ein ähnliches Konzept – etwa der Kurs Mobilé, den die Evangelische Kirche anbietet, oder „Delja" (Das erste Lebensjahr) in der Hebammenpraxis „Rundum" an der Hagener Straße. pin

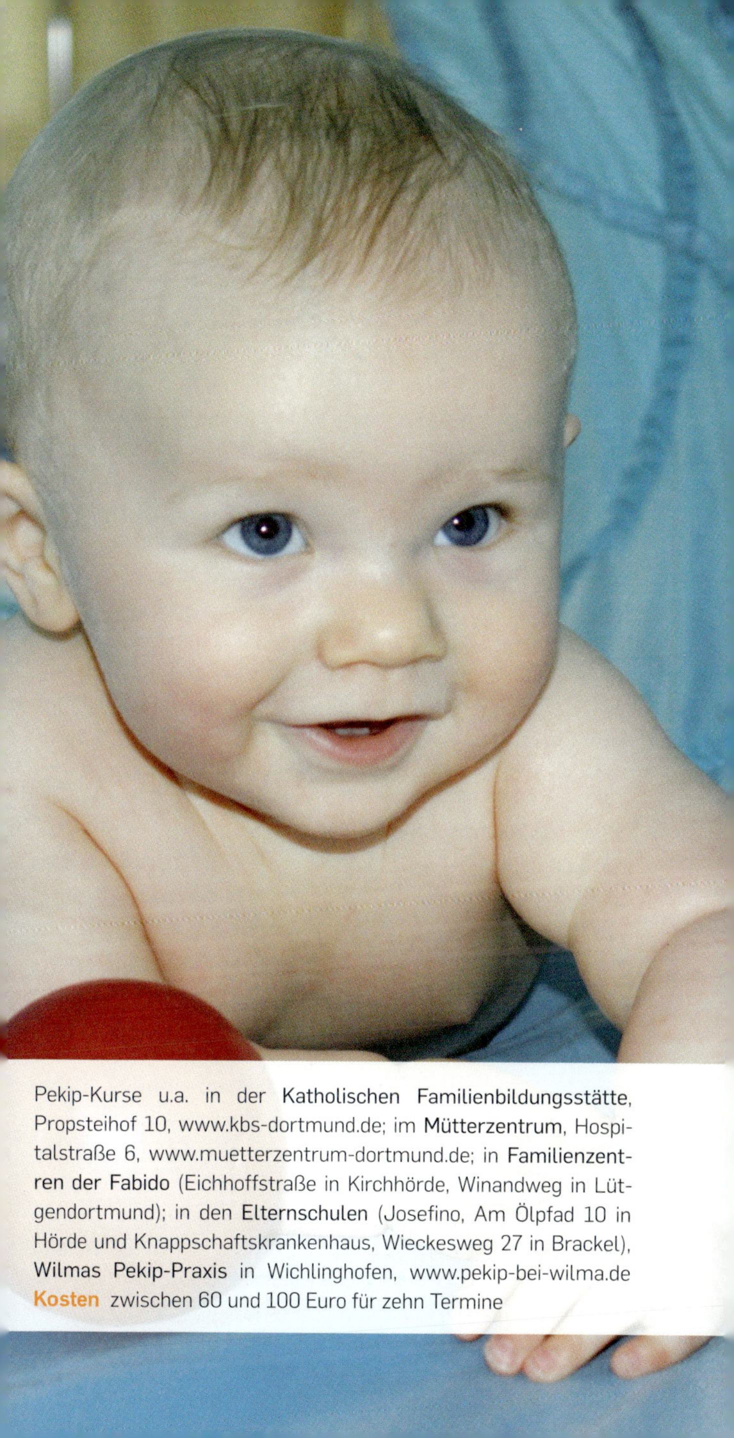

Pekip-Kurse u.a. in der **Katholischen Familienbildungsstätte**, Propsteihof 10, www.kbs-dortmund.de; im **Mütterzentrum**, Hospitalstraße 6, www.muetterzentrum-dortmund.de; in **Familienzentren der Fabido** (Eichhoffstraße in Kirchhörde, Winandweg in Lütgendortmund); in den **Elternschulen** (Josefino, Am Ölpfad 10 in Hörde und Knappschaftskrankenhaus, Wieckesweg 27 in Brackel), **Wilmas Pekip-Praxis** in Wichlinghofen, www.pekip-bei-wilma.de
Kosten zwischen 60 und 100 Euro für zehn Termine

073 Revierpark Wischlingen

0-101

0 €

Der Revierpark Wischlingen ist eine riesige grüne Freizeitoase. Ganz Dortmund trifft sich hier, um die Natur zu erleben, zu spielen oder Sport treiben.

Der Revierpark umfasst ein Schwimmbad samt Solebecken und großem Saunabereich, im Winter eine Eislaufhalle – und den eigentlichen Park mit ausgedehnten Wiesen, Wald und Wasser: Gleich hinter dem Schwimmbad können Besucher per Tret- oder Ruderboot über den See schippern. Wer einen Angelschein besitzt, darf auch die Rute schwingen.

Wasserratten lieben auch den Wasserspielplatz, auf dem in den warmen Monaten den ganzen Tag über das Wasser sprudelt. Ganz in der Nähe kann man auf Reifen schaukeln und auf einer Seilbahn richtig Tempo machen. Ein Stück weiter liegt umrahmt von ausgedehnten Wiesen das Sportareal „Stern Hallerey" mit Mehrzweckspielfeldern für Handball und Basketball sowie Tischtennisplatten. Wer möchte, kann auf gepflegten, aber kostenpflichtigen Tennisplätzen ein paar Bälle schlagen. Auch ein Minigolfplatz ist vorhanden. Im Wald über dem Sportareal gibt es seit einigen Jahren einen kostenpflichtigen Kletterseilgarten, in dem Groß und Klein auf 13 Parcours von Baum zu Baum kraxeln können. Unterhalb des Stern Hallerey liegt ein erstklassiger Rodelhang.

Neueste Attraktion im Park ist eine Frisbeegolfanlage mit 12 Bahnen – ein kostenloser Spaß für die ganze Familie. Dabei geht es darum, einen vorgegebenen Hindernis-Parcours mit möglichst wenigen Würfen zu durchspielen und die Scheibe in ca. 1,60 m hohe Zielkörbe zu werfen.

Entstanden ist der Revierpark übrigens Anfang der 1970er-Jahre. Zurückgehend auf eine viel ältere Idee wollte man für die Dortmunder ein Erholungsgebiet vor der Haustür erschaffen. Das ist gelungen. ds

Adresse Höfkerstr. 12, Tel. 9 17 07 10, www.wischlingen.de **Anfahrt** S-Bahn 2 (Wischlingen), Bus 447 oder 465 (Revierpark) **Tipp** Leih-Frisbeescheiben gibt es für 3 Euro und Pfand am Seegarten (ab 15 Uhr) und am Kiosk Stern Hallerey.

074 Regenbogenhaus im Westfalenpark

6-14 | 0 €

Basteln und backen, toben und kreativ sein – das Regenbogenhaus mitten im Westfalenpark macht Kindern viele Angebote. Die meisten sind sogar kostenlos.

Mit Holz oder Ton arbeiten, mit Pflanzen malen oder Kastanien basteln, filzen oder schmieden: Im Regenbogenhaus stehen Kindern viele Materialien und Möglichkeiten offen. Dafür müssen sich Kinder nicht einmal anmelden. An den Wochenenden zwischen Frühjahr und Spätherbst reicht es, zu den offenen Kreativangeboten zwischen 13 und 17 Uhr einfach am Regenbogenhaus vorbeizukommen. Mitmachen kostet nichts, über eine kleine Spende freut sich der Verein natürlich trotzdem. Im Elterncafé gibt es Kaffee, Kuchen und Eis, die Einnahmen sind für die Vereinsarbeit.

Kreativ sind nicht nur die Besucher, sondern auch die Helfer bei der Gestaltung der Angebote. So wird im Sommer einfach der Hang vor der nahen Altenakademie mit Wasserschlauch und langer Plane zu einer Wasserrutsche umgestaltet. Regelmäßig gibt es neue Ideen, Projekte und Angebote. Ermöglicht wird das durch die Zusammenarbeit von Jugendamt und dem gemeinnützigen Verein Spielbogen e.V..

Die Angebote während der Schulferien haben meist einen Bezug zur Jahreszeit: Blätter-Mobiles basteln im Herbst, Ostereier färben in den Osterferien. Richtig gruselig wird es um Halloween. Nach Sonnenuntergang erleben Kinder und Eltern den Westfalenpark dann einmal ganz anders: Im Dunkeln bei einer Nachtwanderung, mit schaurigen Geschichten und Musik. Dabei gilt: Ein bisschen Verkleidung ist Pflicht. Wann es losgeht, steht auf der Internetseite vom Spielbogenverein. Dort finden sich auch alle anderen Angebote, aktuelle Flyer und Ferienprogramme. nd

Adresse An der Buschmühle 3, Tel. 50-2 61 38, www.spielbogen-verein.de **Anfahrt** U 45/49 (Westfalenpark) und U 47 (Märkische Straße), geöffnet März-Oktober: di-fr 10–18 Uhr, sa/so 12–18 Uhr; November bis Februar: mo-fr 10–17 Uhr, sa/so 12-17 Uhr **Kosten** Kreativangebote meist kostenfrei, andere Angebote wie Ferienaktionen gegen kleine Gebühren **Tipp** Von März bis Oktober treten sonntags ab 15 Uhr am und im Regenbogenhaus kostenlos Puppenspielerinnen, Zauberer, Märchenerzähler, Liedermacherinnen, Theaterspieler oder Artistinnen auf.

075 Skatepark

Der Skatepark im Dietrich-Keuning-Haus ist einer der größten in NRW. Wer noch nie auf einem Skateboard oder Inlineskates gestanden hat, kann es hier lernen.

Einst glitten Eisläufer durch die Halle im Dietrich-Keuning-Haus hinterm Hauptbahnhof. Dann gingen die Eismaschinen kaputt – es schlug die Stunde der Skater. 2004 wurde die Halle komplett umgebaut und zum Paradies für Skateboarder und Inlineskater. Mehr als 15.000 Besucher aus ganz Deutschland jagen jährlich über Ledges, Rails und Ramps.

Betreiber des Skateparks ist die Skateboard-Initiative Dortmund. Der Verein aus gestandenen Skatern hat es sich zur Aufgabe gemacht, die Skate-Kultur zu fördern und die die Jugendarbeit in Dortmund zu unterstützen. Über die Jahre wurde der Skatepark mehrfach optimiert, zuletzt wurden im Sommer 2014 die Beläge erneuert.

Es braucht schon einiges an Übung, um alle Hindernisse zu meistern. Doch auch um Anfänger kümmern sich die Skater: Jeden Montagnachmittag ab 16.30 Uhr gibt es eine Skateschule. Anfänger jeden Alters können dann die Grundlagen des Skatens erlernen.

Pro Termin kostet die Skateschule 7 Euro. Skateboards, Inlineskates, Schoner und Helm gibt es für Kursteilnehmer kostenfrei zum Ausleihen. Willkommen ist jeder, der Interesse hat. An jedem ersten Sonntagabend im Monat ist der Skatepark ganz den Mädels vorbehalten (18 bis 21 Uhr). ds

Adresse Leopoldstraße 50-58, Tel. 50-25 147; www.skateboard-initiative-dortmund.de; geöffnet mi 15-20 Uhr, do 16-22 Uhr, fr 15-21 Uhr, sa 14.20 Uhr, so 12-18 Uhr **Anfahrt** U-Bahn 41/47/49 (Leopoldstraße) **Kosten** Kinder 1 Euro, Jugendliche 1,50 Euro, Erwachsene 2,50 Euro, Materialverleih 2 Euro **Tipp** Es ist nie zu spät, skaten zu lernen, auch für Eltern: Mittwochs von 20 bis 22 Uhr öffnet sich die Halle nur für Menschen über 30.

076 Soccer in der Halle

Kein schönes Wetter, kein Fußball? Keineswegs. Indoor, in der geschützten Halle, können begeisterte Kicker den Ball auch bei Regen und Sturm laufen lassen. In Dortmund gibt es dazu drei Möglichkeiten: die Soccerworld neben dem Max Planck Gymnasium, das Soccer City Center in Körne und das LaOla Fußballcenter in Kirchhörde.

In allen drei Locations warten mehrere, zum Teil unterschiedlich große Fußball-Courts auf Spieler. Alle sind mit Kunstrasen ausgestattet. In der Soccerworld gibt es außerdem zwei Beach-Soccer-Felder – hier kickt man auf Sand. Im Körner Soccer City Center kann man bei schönem Wetter auch unter freiem Himmel spielen. Dort und in der Soccerworld gibt es auch eine Sky-Sportsbar für ausgepowerte Balltreter. Alle Indoor-Soccer-Center stellen Bälle und Leibchen.

An die Soccerworld ist übrigens die Fußballschule von Marcel Raducanu angebunden, der in den 1970er- und 1980er-Jahren für Steaua Bukarest, den BVB und den FC Zürich spielte. 1994 eröffnete Marcel Raducanu in Dortmund seine Fußballschule. Im Soccer City Center steht mit Michael Lusch sogar ein BVB-Urgestein persönlich hinter dem Tresen. Von 1982 bis 1993 war er Profi bei der Dortmunder Borussia, er war einer der Helden des gewonnenen DFB-Pokalfinals von 1989. Heute kickt Michael Lusch in der Traditions-Elf des BVB – und gibt Indoor-Fußballern auch den einen oder anderen Tipp. ds

Soccer City Center **Adresse** Zinkhüttenweg 11, Tel. 51 44 10; www.soccer-city-center.de; geöffnet mo-fr 12-24 Uhr, sa/so/feiertags 10-24 Uhr; **Kosten** je nach Uhrzeit zwischen 25 und 53 Euro/ Stunde für bis zu 14 Spieler

Soccerworld **Adresse** Bunsen-Kirchhoff-Str. 9, Tel. 95 25 69 80; www.soccerworldsports.de; geöffnet mo-fr 13-23 Uhr, sa/so/feiertags 10-20 Uhr; **Kosten** auf Anfrage

LaOla Fußballcenter **Adresse** Hellerstraße 111, Tel. 47 53 259; www.dortmund.laolafussballcenter.de; Öffnung nach Vereinbarung; **Kosten** 44 Euro/Stunde für bis zu 15 Spieler.

Tipp Alle Anbieter richten Kindergeburtstage aus. Dazu gehören die Spielzeit auf einem Court sowie Essen und Getränke.

077 Spielbogen und Robinsonspielplatz Westfalenpark

0-101

Wer im Westfalenpark den Spielbogen-Weg entlang geht, landet theoretisch am Robinsonspielplatz. In der Praxis jedoch sind viele Kinder vom Spielbogen so begeistert, dass sie nie am Spielplatz ankommen ...

In der östlichen Hälfte der größten Dortmunder Parkanlage erstreckt sich ein wahres Paradies für Kinder. Los geht es am Spielbogen, einem fast zwei Kilometer langen Erlebnispfad. Wie an einer Perlenschnur reiht sich auf diesem Weg eine Spielattraktion an die nächste. Alle Sinne sind gefordert: Da wirbelt ein Windspiel, reflektiert ein Spiegelkabinett, verzaubert ein Kaleidoskop. Für Bewegung ist ebenfalls gesorgt: Die Kinder können auf Gerüsten klettern, auf Scheiben und Stegen balancieren und sogar in einer Lauftrommel die Balance halten. So wird der Spaziergang durch den Westfalenpark zu einer spannenden Entdeckungstour.

Dabei wartet am Ende des Spielbogens ein attraktives Ziel: An der Südostgrenze des Parks liegt der Robinsonspielplatz. Schon aus der Ferne ist das fröhliche Kreischen zu vernehmen. Da thront das Piratenschiff, das es zu erklimmen gilt, da schwimmen Holzfässer im Wasser, die Kinder als kleine Boote nutzen dürfen, da wartet das verwunschene Baumhaus auf seine Eroberer. Die Riesenschaukel begeistert Groß und Klein gleichermaßen.

Am Spielplatz-Kiosk gibt es Erfrischungsgetränke, Pommes und Süßes. Ein WC steht den Besuchern ebenfalls zur Verfügung. at

Adresse Spielbogen: Nähe Eingang Baurat Marx-Allee; Robinsonspielplatz am Eingang Hörde, Tel. 50-26100, www.westfalenpark.de **Anfahrt** U47, 41, 49 (Märkische Straße), geöffnet: täglich 9-21 Uhr **Kosten** 3 Euro, Kinder unter 6 Jahren kostenlos, ab 18 Uhr 1,50 Euro **Tipp** Wenn Sie direkt zum Robinsonspielplatz gelangen möchten, dann nutzen Sie den Parkeingang Hörde (9-20 Uhr).

078 Spielplätze

0-101

0 €

Mehr als 300 öffentliche und kostenlose Spielplätze gibt es in der Stadt. Viele liegen in Parks oder lassen sich mit einem Ausflug verknüpfen.

Im Hoeschpark entstand eine Spiellandschaft aus Holz, ideal für Räuber-, Ritter- oder Piratenabenteuer. Im Fredenbaumpark gibt es einen Kleinkinder-Spielplatz (an der Festwiese) und im westlichen Teil einen für größere Kinder. Schönes Ziel eines Waldspaziergangs ist der Waldspielplatz Grävingholz (Neuholthauser Weg) – viel Platz und Gelegenheit, spielerisch das Waldleben zu entdecken.

Höher als im Westpark kann man wohl nirgends sonst klettern. Der 2013 eingeweihte Spielplatz erstreckt sich über mehrere Ebenen. Am anderen Park-Ende findet sich ein ganz neuer Spielplatz für Kleinkinder. Beliebt im Kreuzviertel sind der Spielplatz mit Wasserstelle am Südwestfriedhof (Große Heimstraße) und der neue Spielplatz im Tremoniapark. Der Spielplatz „Kleine Zeche" in Westerfilde hat z.B. einen Malakowturm zum Klettern und eine hölzerne Lore (Wenemarstraße/Westerfilder Straße). Zum Planschen ist im Sommer der Wasserspielplatz im Revierpark Wischlingen beliebt.

Nach einem Spaziergang durch die Bolmke kehren Eltern gern im originellen „Gasthaus Zur Quelle" (Stockumer Str. 133a) ein. Vor dem Eingang: ein großer Spielplatz. Rund um den Phoenixsee liegen gleich drei neue Spielplätze – einer davon besteht nur aus Schaukeln, Schwingen und Wippen. Der Spielplatz mitten im Rombergpark ist ein Muss nach dem Sonntagsspaziergang und eignet sich schon für Kleinkinder. Der Spielplatz am Ostpark (Robert-Koch-Straße) bietet viel Platz für Picknick und fürs Rad- und Rollerfahren. Kinder lieben es, dort im Gebüsch herumzustreifen. pin

Tipp Eine Liste sämtlicher Spielplätze gibt es auf den Seiten der Stadt Dortmund unter http://bit.ly/1q9oupM. Die Stadt sucht noch Spielplatzpaten, die sich um einzelne Spielplätze kümmern und Mängel melden. Infos: Tel. 50-2 45 32.

079 Spielpunkte in der City

0-101

0 €

Innerhalb des Walls sind Spielplätze Mangelware. Dafür bereichern seit einigen Jahren immer mehr „Spielpunkte“ die City. An mehreren Standorten und in der Berswordthalle können Familien auf Shoppingtour inzwischen kleine Spiel-Pausen einlegen.

Einer der ersten Spielpunkte war 2003 der Spielbereich in der Straße Mönchenwordt zwischen Westenhellweg und Propsteikirche. Er ist besonders Sommer beliebt: Zu der Anlage gehören Brunnenbecken, Wasserlauf und Wasserfontänen, die in regelmäßigen Abständen plötzlich aufspritzen. Einige Eltern bringen an heißen Tagen in weiser Voraussicht sogar Badehose und Handtücher mit, damit die Kinder ausgiebig wasserschöpfen, schaufeln und planschen können. Für die Eltern gibt es verschiedene Sitzmöglichkeiten.

Für kleine, größere und sogar erwachsene Spielkinder geeignet sind die Spielpunkte auf dem neu gestalteten Boulevard Kampstraße. Am westlichen Ende in Höhe Petrikirche stehen eine überdimensionierte, 17 Meter lange Wippe, auf der gleich mehrere Kinder und Erwachsene Platz finden. Am östlichen Ende an der Reinoldikirche kann man sich auf drei Riesen-Schaukeln in die Höhe schwingen.

Der jüngste Spielpunkt, eine Kletter-Skulptur, steht am Brüderweg: Fünf im Graffiti-Style gestaltete Buchstaben aus Beton laden dazu ein, sie zu erklimmen. Der Boulder-Parcours eignet sich für ältere Kinder und Jugendliche.

Klettern und spielen können Kinder auch am Platz am Apfelbrunnen (Brückstraßenviertel), auf dem Holzschiff am Südwall/Kleppingstraße vor der DEW21 und im Stadtgarten. pin

Tipp Vor allem bei schlechtem Wetter flüchten Eltern mit Kleinkindern gern in die Berswordthalle. Während die Eltern im Café Rast machen, klettern die Kleinen auf Holztieren oder flitzen durch die Halle.

080 SPOMI – Sport Miteinander

ab 3

0 €

Sport miteinander – der Name ist Programm: Kinder, Jugendliche und Erwachsene mit und ohne Behinderungen treiben einmal pro Monat gemeinsam Sport. Spomi ist ein offenes Angebot der Reha- und Behindertensport-Gemeinschaft Dortmund 51.

Ungezwungen, vorbehaltslos und vorurteilsfrei: So ist Spomi, der Sport miteinander, in den Sporthallen der Gesamtschule Gartenstadt. Sport und Bewegung spielen natürlich eine wichtige Rolle, eine ebenso große aber auch das zwanglose, respektvolle Miteinander. Eine Mitgliedschaft im Verein ist nicht erforderlich, eine Anmeldung auch nicht. Wer kommen möchte, der kann kommen. Und bleibt so lange, wie er möchte.

Jedes Treffen hat ein Motto oder einen Schwerpunkt. Abenteuersport, Spomi-Olympics, Minigolf, Ballfieber, Fit in den Winter, Alles was rollt: Die Organisatoren und Übungsleiter sind sehr erfinderisch. Und sie sind spontan und flexibel: Sie reagieren auch auf individuelle Wünsche der Teilnehmer und setzen alles daran, sie umzusetzen. Flugs bauen sie zum Beispiel Tischtennisplatten auf, organisieren ein Fußballturnier oder stellen Rollbrett-Führerscheine aus. Oder sie lassen ein Geburtstagskind hochleben. Denn wer möchte, kann seinen Ehrentag gerne in der Sporthalle feiern.

Wer sich viel bewegt, muss auch essen und trinken. Das ist in Turnhallen eigentlich tabu – nicht so beim Spomi. Einiges stellt der Verein zur Verfügung. Bei jedem Treff zaubern Stammgäste zudem ein spontanes Büffet. Denn es hat mittlerweile Tradition, kleine oder größere Leckereien mitzubringen. Natürlich freiwillig – wie alles beim Spomi. Dön

Adresse Sporthalle Gesamtschule Gartenstadt, Hueckstraße 25-26, Tel. 10 26 32, www.rbg-dortmund51.de **Anfahrt** U-Bahn 47 (Lübkestraße), danach ca. 10 Minuten Fußweg; Termine einmal im Monat samstags, 10-13 Uhr **Kosten** kostenlos **Tipp** Im Dezember kommt der Nikolaus. Nur für diesen Termin bittet der Verein um eine Anmeldung.

081 Stadtteilpark Gneisenau

0-101

0 €

Schöner schaukeln geht nicht: Auf dem höchsten Punkt des neu angelegten Stadtteilparks Gneisenau kann man sich bei bester Aussicht in die Höhe schwingen. Auf dem Gelände der ehemaligen Kokerei entstand ein Ausflugsziel mit Weitsicht – und ein Hügel, den auch Kleinkinder schaffen.

Die leuchtend orange gestrichene Schaukel steht an der Spitze eines „Landschaftsbauwerkes“, also einer neu aufgeschütteten Halde. Der asphaltierte und kerzengerade Weg an die Spitze steigt sanft an – ideale Bedingungen für Fortbewegungsmittel aller Art, seien es Kinderwagen, Roller oder Inliner.

Wer die 20 Meter nach oben erlaufen oder erfahren hat, wird mit einem phantastischen Blick auf Industriekultur belohnt: Zu sehen sind Halden und denkmalgeschützte Fördertürme, der Wasserturm „Lanstroper Ei“ und in der Ferne die Dortmunder Skyline. Die Schaukel ist auch für Erwachsene geeignet. Wer die Aussicht schaukelnd nicht genießen kann, darf jedoch auch auf einer Bank Platz nehmen.

Die künstliche Halde ist Teil des neuen Stadtteilpark Gneisenau, zu dem auch ein Skate- und Streetballplatz und eine Spielwiese gehören. Kinder und Jugendliche aus Derne haben sich an der Planung beteiligt. pin

Adresse Altenderner Straße/Im Schellenkai **Anfahrt** Regionalbahn 50/51 (Derne) **Tipp** Der Stadtteilpark liegt direkt an der „Gneisenau-Trasse“, der stillgelegten Bahntrasse zwischen Lünen-Süd und Derne. Die ebene, etwa 6 km lange Strecke lässt sich mit Kindern gut erradeln! Auch der Emscher-Park-Radweg führt ganz in der Nähe vorbei – ein Abstecher ist ohne große Umwege möglich.

082 TSC Eintracht – Sporties

ab 6

Es muss nicht immer Fußball sein: Wer seinem Kind auch andere Sportarten nahe bringen möchte, ist beim TSC Eintracht genau richtig. Das Programm „Sporties“ führt Grundschulkinder ein Jahr lang an ein gutes Dutzend Sportarten heran.

Schon im Grundschulalter haben viele Kinder heute eine schlechte Haltung, sind übergewichtig und können Bewegungen schlecht koordinieren. Viele Vereine bieten Kindern in Dortmund Möglichkeiten, sich sportlich auszutoben – aber welcher Sport darf es denn sein? Und wofür ist das eigene Kind besonders geeignet?

Das lässt sich im Sportzentrum des TSC Eintracht an der Victor-Toyka-Straße herausfinden: Dort lernen Sechs- und Siebenjährige ein Jahr lang Sportarten des Vereins kennen. Und das sind viele: Das Angebot reicht von A wie Aikido bis Z wie Zirkustraining. Jede Woche haben die Kinder 90 Minuten Gelegenheit, in neue Sportarten hineinzuschnuppern und sie auszuprobieren. Auf diese Weise kommen sie auch in Kontakt mit Angeboten, die sie aus eigenem Antrieb nicht gewählt hätten: Leichtathletik oder Turnen, Hockey oder Volleyball, Fechten oder Tanzen. Dabei haben die Kinder einen Haupttrainer. Mit jeder neuen Sportart kommt alle drei Wochen der Trainer der jeweiligen Sportart dazu.

Die Haupttrainer beobachten und fördern die Kinder. Am Ende des Sporties-Jahres werden die Kinder geehrt, und die Eltern erhalten eine Empfehlung für die weitere sportliche Laufbahn ihrer Kinder.

Das Sporties-Programm beginnt jährlich im Mai, anmelden können sich jeweils ab Januar alle Kinder, die am 1. Januar sechs Jahre alt sind. Die Trainingszeiten sind nachmittags, mehrere Wochentage stehen zur Auswahl. pin

Adresse Victor-Toyka-Str. 6, Tel. 9 12 31 50, www.tsc-eintracht.de **Anfahrt** U-Bahn 45 (Remydamm) **Kosten** Vereinsbeitrag 10,90 Euro, Zusatzbeitrag Sporties 9,50 Euro, einmalige Aufnahmegebühr 10 Euro

083 Yoga für Kinder

ab 5

Tief durchatmen, den Körper wahrnehmen und neue Bewegungsmöglichkeiten entdecken – was für Erwachsene gut ist, kann auch für Kinder nicht verkehrt sein. Deshalb haben einige Yoga-Schulen in Dortmund spezielle Angebote für Kinder in ihre Programme aufgenommen.

Beim Kinderyoga lernen Kinder in spielerischer Umgebung, nicht nur ihre Motorik zu verbessern, sondern auch, ruhiger, entspannter und konzentrierter durch den Alltag zu gehen. Im Gegensatz zum Erwachsenen-Yoga, wo auch mal minutenlanges Innehalten angesagt ist, lässt Kinderyoga dem natürlichen Bewegungsdrang der Kleinen genügend Raum.

Die Yoga-Vidya-Schule, mitten im Dortmunder Stadtzentrum gelegen, bietet zum Beispiel offene Kurse für Kinder an. Wer dorthin geht, so verspricht die Schule, kann Haltungsschäden vorbeugen, die Körperwahrnehmung verbessern und das Selbstbewusstsein stärken. Zwei Lehrerinnen kümmern sich um die jungen Schüler.

Im Dortmunder Süden, im idyllisch gelegenen Stadtteil Loh, bietet Yoga-Lehrerin Anja Renninghoff eine reine Kinderyoga-Schule an. In einem großen Kursraum mit Blick in den grünen Garten bewegen und entspannen die Kinder, sie tanzen und lassen ihre Fantasie spielen. Immer mit dabei: die kleine Libelle Yoki, eine Figur, die die jungen Bewegungsschüler durch die Stunde begleitet. Im Sommer verlegt die Lehrerin ihre Stunden gerne auch mal in den Garten. at

Yoga-Vidya **Adresse** Reinoldistr. 8, Tel. 5 84 41 14, www.yoga-vidya-dortmund.de, **Anfahrt** U-Bahn 42, 43, 44, 46 (Reinoldikirche), **Kosten** Einzelstunde Kinderyoga 6 Euro

KiYoLoh - Kinderyoga in Dortmund Loh **Adresse** Benninghofer Heide 51, Tel. 1 67 58 11, www.kiyoloh.de **Anfahrt** Bus 433 (Benninghofer Heide), Voranmeldung erforderlich **Kosten** 7 Euro pro Stunde

Tipp Langeweile in den Sommerferien? Beim Kinderyoga in Dortmund Loh finden – je nach Nachfrage – auch Sommerkurse statt.

084 Zirkus Fritzantino

ab 6

0 €

Im Zirkus Fritzantino werden Kinder zu Artisten, Akrobaten und Zauberern. Der Kinder- und Jugendzirkus im Fritz-Henßler-Haus ist eines der ältesten und erfolgreichsten Kulturprojekte des städtischen Jugendamtes.

Hereinspaziert, hereinspaziert in die bunte Welt des Zirkus Fritzantino. Im Fritz-Henßler-Haus wird nicht nur zugeschaut, die Kinder gestalten das Programm selbst, sie tauchen ein in eine unbekannte Welt und entdecken ungeahnte Fähigkeiten. Jedes Jahr stellen die jungen Teilnehmer mehrere Vorstellungen – klassische Zirkusprogramme – auf die Beine. Geprobt wird von montags bis freitags in 33 unterschiedlichen Trainingsgruppen. Je nach Niveau gibt es Grund- und Aufbaugruppen für die verschiedenen Zirkusbereiche: In den Akrobatikkursen werden die Beine so lang gestreckt, wie es eben geht. Bei der Pyramide bauen sich die Kinder selbst in die Höhe. Die Clowns lernen, wie man irre komisch ist. Am Trapez geht es hoch hinaus. Und wer seine Geschicklichkeit trainieren möchte, versucht in der Einrad-Gruppe, das Gleichgewicht zu halten.

Ein Jahr lang wird geprobt, dann geht's auf die Bühne. Immer vor den Herbstferien und im Dezember zeigen die Fritzantinos dann, was sie in den Kursen gelernt haben – und ganz Dortmund kann zuschauen. Die Grundlagengruppen mit Kindern, die noch nicht so lange dabei sind, präsentieren zudem einmal im Jahr ihren Familien ihr Können in einer nicht-öffentlichen Vorführung vor den Sommerferien.

Der Zirkus Fritzantino besteht seit 1977 und ist nach wie vor eines der beliebtesten Angebote der Stadt: Für die Teilnahme gibt es Wartelisten. Wer gerne mittrainieren möchte, wendet sich an Barbara Pfannkuche (s. rechts). joo

Adresse Fritz-Henßler-Haus, Geschwister-Scholl-Straße 33-37, Tel. 50-2 34 62, www.zirkusfritzantino.de **Anfahrt** U-Bahn 42, 46 (Brügmannplatz) **Kosten** (für die Vorstellungen): Erwachsene 12 Euro, Kinder bis 16 Jahre 10 Euro. Die Zirkuskinder trainieren kostenlos.

085 Chorakademie

ab 6

0 €

Die Chorakademie Dortmund ist die größte Singschule in Europa. Regelmäßig geht die Akademie in Schulklassen auf Talentsuche.

Kindern, die gerne regelmäßig und gemeinsam mit anderen singen möchten, bietet die Dortmunder Chorakademie zahlreiche Möglichkeiten.

Einfach mal ausprobieren? Im Kinderchor lernen Jungen und Mädchen ab sechs Jahren spielerisch, den richtigen Ton zu treffen. Dabei steht der Spaß am Singen im Vordergrund. Einmal pro Woche treffen sich die Singgruppen. Auf dem Programm stehen einfache Kinderlieder bis hin zu komplexeren sinfonischen Werken. Über das Stadtgebiet verteilt gibt es fünf Probeorte. Wer weiter an seiner Stimme arbeiten möchte, kann zusätzlich Einzelunterricht nehmen.

Darüber hinaus unterstützt die Chorakademie Jungen und Mädchen dabei, ihr Gesangstalent zu professionalisieren und damit auf großen Bühnen zu brillieren. Dafür bietet die Singschule mittlerweile Knabenchor (6 Jahre bis zum Stimmbruch), Mädchenchor (6 bis 9 Jahre) und einen Opern-Kinderchor (9 bis 14 Jahre) an. Die Kinder im Opern-Kinderchor zum Beispiel wirken regelmäßig an Aufführungen des Dortmunder Theaters mit. Diese Konzertchöre proben zwei Mal in der Woche, dazu kommen Chor-Wochenenden, Auftritte, Konzertreisen im In- und Ausland und Solo-Unterricht. Wer den Kinderchören entwachsen ist, kann in die Jugendchöre wechseln.

Die 2002 gegründete Chorakademie ist eine Dortmunder Erfolgsgeschichte. Mehr als 1000 Mitglieder singen in 30 Chören. Die hohe Mitgliederzahl hat die Akademie wohl auch dem Umstand zu verdanken, dass sie regelmäßig in Schulklassen junge Gesangstalente castet. Selbstverständlich ist auch ein Quereinstieg jederzeit möglich. at

Infos www.chorakademie.de, Tel. 3 99 80 50
Kosten ab 15 Euro/Monat

086 Kitz.do – Kinder- und Jugendtechnologiezentrum

ab 6

Das Kitz.do ist eine Spielwiese für Neugierige: In der Einrichtung am Rheinlanddamm wird das Interesse für Naturwissenschaften geweckt und gefördert, hier wird kräftig experimentiert.

Das Angebot im Kitz.do richtet sich zum Beispiel an Schulklassen und Kitas. Kinder und Jugendliche bekommen Gelegenheit, ihren Fragen einmal in anderer Lern-Umgebung nachzugehen. Wieso brennt eine Brennnessel? Warum färben sich die Blätter im Herbst? Und was passiert im Magen, wenn man ein Kaugummi verschluckt? Forschend und experimentierend finden die Kinder es heraus. Neugier macht schlau, so der Leitspruch.

In den Ferien steht das kitz.do Kindern aber auch unabhängig von der Schule offen. Im Ferienprogramm lernen Kinder ab 9 Jahren zum Beispiel, wie man eine eigene Homepage erstellt, oder sie sägen, schleifen und konstruieren in einer Holzwerkstatt. Eltern zahlen nur die Materialkosten.

Offen ist außerdem der Experimentierclub: Grundschulkinder experimentieren an vier Samstagen zu Themen wie Luft und Wasser, Feuer, Strom und Farben. Diese Plätze sind allerdings heiß begehrt – es gibt eine Warteliste.

Die Eltern sind in der Regel nicht dabei, das Kitz.do ist ganz den kleinen Forschern vorbehalten. Betreut werden sie von einem Team aus Naturwissenschaftlern, Technikern, Laboranten und Ingenieuren. Manchmal wird das Labor auch zum Party-Raum. Dann kreieren die Geburtstagsgäste auf der etwas anderen Fete einen Lippenstift oder bauen einen Roboter aus Lego. joo

Adresse Rheinlanddamm 201, www.kitzdo.de; Tel. 47 64 69 30 **Anfahrt** U-Bahn 46 (Polizeipräsdium) **Tipp** Wer Interesse am Experimentierclub hat, kann sich auf die Warteliste setzen lassen. Die Teilnahme kostet etwa 40 Euro für vier Termine.

087 Kochkurse für Kinder

ab 6

Teig kneten, Pizzen belegen, Gurken schneiden - viele Kinder lieben es, beim Kochen oder Backen zu helfen. In Kochkursen lernen Kinder spielerisch den Umgang mit schmackhaften Rezepten und gesunden Lebensmitteln.

Dass Pommes aus Kartoffeln bestehen, wissen viele Kinder noch – aber was lässt sich noch aus der tollen Knolle zaubern? Wie viel ist eigentlich „eine Prise"? Das Selberkochen bringt Kinder auf den Geschmack – im Wortsinn. Fertiggerichte und Geschmacksverstärker sind tabu, gekocht wird mit frischen, saisonalen Lebensmitteln.

Regelmäßige Kochkurse für und mit Kindern bietet das Dietrich-Keuning-Haus in der Nordstadt. Alle 14 Tage kommt die Kochschule der Sarah Wiener Stiftung ins Haus. Zwei Stunden lang zaubern Kinder mit einem Koch – und dürfen die Ergebnisse anschließend natürlich verputzen. Außerdem gibt es wöchentlich den Kurs „Kochen mit Kids", bei dem Kinder gemeinsam mit ihren Müttern Gemüse schnibbeln, braten, backen und kochen.

Auch in der Volkshochschule stehen Eltern und Kinder zusammen in der Küche – z.B. an sonntäglichen Koch-Vormittagen, bei denen leckere Weihnachtsgeschenke entstehen.

Unregelmäßig bietet das „Haus Overkamp" auf dem Höchsten Kochkurse für Kinder.

Wie wäre es mit einem Kindergeburtstag in der Küche? Im „Kulinarium" im Untergeschoss der Thier Galerie können Geburtstagskinder mit ihren Gästen zwei Stunden lang ihre Lieblingsgerichte selbst zubereiten – zum Beispiel Pasta herstellen oder Burger braten. Das Programm dauert zwei Stunden und kostet 25 Euro pro Kind (ab 6 Jahren).

Überregional aktiv ist die Dortmunder Geschmackschule. Der gemeinnützige Verein bietet Kochkurse z.B. in Schulen und Kindergärten, dank Spenden sogar kostenlos. pin

Dietrich-Keuning-Haus **Infos** aktuelles Programm unter www.dkh.dortmund.de, Tel. 50-25145;
Volkshochschule **Infos** www.vhs.dortmund.de, Tel. 50-2472
Kindergeburtstag im Kulinarium **Infos** www.kulinarium-dortmund.de, Tel. 28 67 80 07
Haus Overkamp **Infos** www.overkamp-gastro.de, Tel. 46 27 36
Geschmackschule **Infos** www.geschmackschule.eu, Tel. 7 28 20 71.

088 Kulturzentrum balou

Das Kulturzentrum balou ist seit 25 Jahren eine feste Größe in Brackel. Die Jugendkunstschule im balou mit einer Außenstelle in Hombruch begleitet Kinder mit kreativen und sportlichen Angeboten beim Erwachsenwerden - und hat auch für den Rest der Familie eine Menge zu bieten.

Mit den Krabbelgruppen geht es los: Schon Babys genießen Babymassage, Pekip oder den „Musikgarten“ im balou. Bei Älteren besonders beliebt sind seit Jahrzehnten die Zirkuskurse, bei denen die Kinder Jonglage und akrobatische Übungen in der Gruppe lernen. Wer sich dafür interessiert, sollte sich rechtzeitig auf die Warteliste setzen lassen – die Kurse sind häufig ausgebucht.

In der Jugendkunstschule im balou lernen Kinder Ballett oder Jazztanz, HipHop und Latin, Modern Dance oder orientalisches Tanzen. Kreativ werden können sie mit diversen Medien, Materialien und Techniken: Die Kurse heißen „Zeichnen im Zoo“, Monsterfilzen oder Mangas zeichnen, die Kinder können töpfern oder ein Hörspiel produzieren. Außerdem gibt es Musikunterricht für einzelne Instrumente.

Wer seinen Geburtstag im balou feiern will, kann zwischen verschiedenen Motto-Partys wählen. Unter anderem stehen Ballett-Geburtstage, Holzwerkstatt, Zirkuspartys oder Videoclip-Dancing zur Auswahl.

Von September bis April gibt es jeden dritten Sonntag im Monat Kindertheater im balou: Von 15 bis 16 Uhr erobern Jim Knopf, der Grüffelo oder Pettersson und Findus die Bühne.

Und der Rest der Familie? Mama tanzt im balou Zumba oder macht Yoga, Papa singt im A-Cappella-Chor, der große Bruder macht Aikido, Oma absolviert ihren Computer-Führerschein und Opa lernt digitales Fotografieren. AS

Adresse Oberdorfstraße 23, Tel. 20 18 66 und Hombrucher Straße 59 (Atelier „Anschnitt“), www.balou-dortmund.de **Anfahrt** U-Bahn 43 (Oberdorfstraße) **Tipp** Das Café im balou wurde als familienfreundlich ausgezeichnet. Es hat täglich ab dem Nachmittag bis abends geöffnet, sonntags nur bei Veranstaltungen. Draußen gibt es einen Spielplatz.

089 Kunst und Kultur erleben

ab 4

Klar, alle Kinder sind kleine Künstler - aber Kunst anschauen und mit Kindern ins Museum gehen? Auch das funktioniert: Viele Museen machen Kindern und Familien besondere Angebote.

Das Museum Ostwall hat den Umzug ins U dazu genutzt, seine Sammlung neu zu präsentieren. Dazu gehören Werke des Fluxus, expressionistische Gemälde und zeitgenössische Foto- und Videoarbeiten. Kinder (ab 4 Jahren) und Erwachsene können sich am Eingang kostenlos das „Kunst-Set“ ausleihen – einen Koffer mit Materialien zu wichtigen Werken der Sammlung. Die darin enthaltenen Karten zeigen eine Abbildung des Kunstwerkes und einen kurzen, kindgerecht formulierten Text. Auf der Rückseite stehen kleine, spielerische Handlungsanweisungen. Die Karten dürfen die Kinder mit nach Hause nehmen. Auch ein Kindergeburtstag in Ausstellung und Kunstwerkstatt ist möglich (max. 12 Kinder, 150 Minuten, 110 Euro).

Kindergeburtstage gleich in acht Varianten bietet das Museum für Kunst und Kulturgeschichte (MKK): von der Schmuck- oder Duftwerkstatt über den „Besuch in der Steinzeit“ bis zu den „Museumsdetektiven“ (120 Minuten, 85 Euro plus Materialkosten). An jedem zweiten Sonntag des Monats gibt es außerdem für die ganze Familie eine Taschenlampenführung durchs abgedunkelte MKK, mit Stationen in der Steinzeit, Metallzeit und Antike (14 bis 15.30 Uhr).

Was bedeutet „Strukturwandel“, und wie sah Dortmund früher aus? Im Hoesch-Museum tauchen Kinder ein in die Industriegeschichte. Eine Attraktion ist das 3D-Stahlwerk, in dem Groß und Klein in ein modernes Stahlwerk blicken und es selbst steuern können. Die monatlichen interaktiven Familienführungen eignen sich für Kinder ab 6 Jahren (sonntags um 14.30 Uhr, Termine auf der Webseite). pin

Adresse **Museum Ostwall im U,** Leonie-Reygers-Terrasse, Tel. 50-2 47 23, www.museumostwall.dortmund.de;
MKK, Hansastr. 3, Tel. 50-2 55 22, www.mkk.dortmund.de;
Hoeschmuseum, Eberhardstr. 12, Tel. 8 44 58 56, www.hoeschmuseum.dortmund.de.

090 Musikalische Früherziehung

ab 3 Monaten

Musik macht schlau, behaupten Gehirnforscher. Daher beginnen die frühesten Kurse schon mit drei Monaten.
Die Baby-Eltern singen für ihren Nachwuchs, lernen Reime und Fingerspiele. In späteren Kursen singen die Kinder selbst, tanzen und machen Bewegungsspiele, lernen Instrumente und Noten, schulen Rhythmusgefühl und Gehör.
Die städtische Musikschule bietet Kurse für Kinder ab 7 Monaten mit ihren Eltern. Die Kurse laufen in der Hauptstelle (Steinstraße), aber auch in Hombruch, Brechten, Berghofen, Huckarde und Lütgendortmund. Für Vorschulkinder ab 5 Jahren gibt es sogar einen Vor-Chor, die „Chorküken".
Ebenfalls in der Innenstadt sitzen die Musikschule Kammerton (Luisenstraße, ab 3 Monaten), die Katholische Familienbildungsstätte (Propsteihof, ab 18 Monaten) und der Elterntreff im St.-Johannes-Hospital (Hoher Wall).
Im Osten bietet das Balou in Brackel musikalische Früherziehung für Kinder (Oberdorfstraße, ab 3 Jahren). In Körne werben die Musikschule MUSE (Am Bertholdshof, ab 2,5 Jahren) und Fröhlich (Roonstraße, ab 3 Monaten) um kleine Kunden.
Im Westen können sich Eltern an die Musikschule „Da Capo al Fine" im Mütterzentrum in Dorstfeld wenden (Hospitalstraße). Kinderliedermacher Klaus Neuhaus gibt Kurse für Drei- bis Sechsjährige in Östrich (Schragmüllerstraße). In Lütgendortmund ist neben der städtischen auch die Musikschule Stern vertreten (Lütgendortmunder Straße, ab Baby-Alter). Im Bezirk Eving ist Sabine Böhler von der Musikschule Fröhlich an mehreren Standorten unterwegs (ab 3 Monaten, auch in englischer Sprache). In Hörde singen, tanzen und spielen Musikzwerge ab 18 Monaten in der Musikschule „Crescendo" (Schildstraße) und im Institut für musikalische Bildung (Hörder Rathausstraße, ab 12 Monaten). pin

Kosten Der Elementarunterricht der städtischen Musikschule kostet umgerechnet 25 Euro/Monat, in der Katholischen Familienbildungsstätte kosten 14 Termine 60 Euro. Private Musikschulen sind meist teurer. Eine Zusammenstellung aller Angebote auch hier: www.bit.ly/XtB0U8.

091 Musikschule

ab 6

An der städtischen Musikschule lernt man, Instrumente zu spielen, klar. Doch darüber hinaus kann man dort gemeinsam musizieren. Die Angebote für Orchester, Bands und Ensembles reichen von Akkordeon bis Ukulele – in der Hauptstelle an der Steinstraße und an weiteren 60 Standorten in der Stadt.

Allein für Streichinstrumente gibt es drei Ensembles: Bei den „Piccolinos" spielen Anfänger ab 5 Jahren, bis sie zu den „Zauberstreichern" wechseln. „Sinfonietta" ist das Ensemble für die Mittelstufe. Bereits fortgeschrittene Jugendliche, die in einem richtigen Orchester mitspielen wollen, können im DOJO musizieren: Das Dortmunder Jugendorchester studiert anspruchsvolle Programme ein und tritt regelmäßig bei Kulturveranstaltungen in Dortmund auf.

Darüber hinaus gibt es ein Jugend-Akkordeonorchester, es gibt Gitarren- und Blockflötenensembles, ein Saxophonquartett und mehrere Blasorchester. Junge Drummer spielen im Boogie Voodoo Percussions-Ensemble, für sangesfreudige Kinder gibt es mehrere Kinder-, Jugend- und Pop-Chöre. Die „Pop-School" der Musikschule ist im Keller des Fritz-Henßler-Hauses untergebracht. In professionell ausgestatteten Räumen unterrichten bekannte Dozenten aus der regionalen Szene in Schlagzeug, E-Bass und -Gitarre, geben Workshops und arbeiten mit Bands.

Instrumentalunterricht gibt es für Kinder ab 6 Jahren; vorher bietet die Musikschule Elementarunterricht (s. „Musikalische Früherziehung"). pin

Adresse Steinstraße 35, Tel. 50-2 32 50, www.musikschule.dortmund.de **Anfahrt** U-Bahn 41, 45, 47, 49 (Hauptbahnhof) **Kosten** Für Schüler der Musikschule ist die Teilnahme an den Ensembles in der Regel kostenlos. Die Entgeltordnung der Musikschule findet sich auf der Webseite.

092 Steeldrumspielen bei Pankultur

ab 3

Es ist eine Oase der Weltmusik mitten in der Innenstadt: Auf 500 Quadratmetern dreht sich im Pankultur Zentrum an der Güntherstraße alles um verbeulte Ölfässer. Denn nichts anderes sind ursprünglich „Steel Pans", die dort in einer Manufaktur angefertigt, kunstvoll gestimmt und von mehreren Ensembles zum Klingen gebracht werden. Schon Dreijährige können mitmachen.

Der Klang erinnert an einen Mix aus Glockenspiel und Vibraphon, laut und weittragend, betörend und samtig. Die Pan, übersetzt „Pfanne", wurde um 1930 in Trinidad und Tobago erfunden. Der Dortmunder Eckhard C. Schulz baut das Instrument seit den 1970er Jahren selbst und zählt heute zu den weltweit führenden Steelpan-Bauern. Mehr als 16.000 Pans made in Dortmund gibt es auf der ganzen Welt.

Heute ist Dortmund eine Steelpan-Hochburg. Direkt neben der Manufaktur entstand das Pankultur Zentrum um die Dortmunder Musiker Martin Buschmann, Jürgen Lesker und Bea Bernert. Der Verein hat inzwischen 150 Mitglieder – darunter viele Kinder, denn das Steelpan-Spielen kann man an der Güntherstraße schon mit drei Jahren lernen. Im Pankultur Zentrum mit seinem gemütlichen Innenhof proben die Pan-Ensembles, zum Beispiel das „Bäng Bäng Orchester" oder die „Bäng Bäng Marching Band", die auf Festivals in der Region, aber auch international auftreten. Im „Panfamiliy"-Ensemble musizieren Kinder, Eltern und Großeltern gemeinsam, und „Pan4Teens" steht Jugendlichen ab 12 Jahren offen. Je nach Nachfrage gibt es auch Gruppen für Kinder ab 3 oder ab 7 Jahren. Die Instrumente stehen im Pankultur Zentrum zur Verfügung – von der Kinder-Pan mit acht Tönen bis zur „Queen", die 42 Töne schafft. pin

Adresse Güntherstraße 69, Tel. 44 77 11 oder 73 65 96, www.pan-kultur.de **Anfahrt** U-Bahn 42 (Funkenburg); **Tipp** Wer sich für die Instrumente und die Musik interessiert, kann auch einen Workshop besuchen oder in die Kurse hineinschnuppern. Mehr unter www.pan-kultur.de

093 U2 Etage für kulturelle Bildung

ab 8

Im Dortmunder U ist eine ganze Etage nur für Kinder und Jugendliche reserviert: die U2_Kulturelle Bildung. Unter professionellen Bedingungen können Heranwachsende dort neue Kunstformen und Medien ausprobieren, Filme drehen, Fotos animieren, Graffitis mit Licht gestalten oder Mangas zeichnen.
Über das Rolltreppenhaus, das allein schon einen Besuch im Wahrzeichen wert ist, geht es in die zweite Etage des ehemaligen Brauereiturms. Hier schlägt das junge, kreative Herz des Turms. Die Angebote wechseln – es lohnt sich, das Programm im Auge zu behalten: In den Workshops drehen Kinder und Jugendliche Dokumentarfilme, drehen Clips zu selbst geschriebenen Rapsongs, programmieren eigene Computerspiele oder ziehen als Kinderreporter durch die Stadt. Unter professioneller Anleitung und mit der Kamera- und Computerausstattung der U2 lernen sie, wie man neue Medien und Möglichkeiten nutzt, um damit kreativ zu werden. Viele der Workshops sind kostenlos.
Einfach mal Reinschnuppern, das geht am besten an den Familiensonntagen an jedem ersten Sonntag im Monat, wenn der ganze U-Turm auf Kinder eingestellt ist. In der U2 steht jeder Familiensonntag unter einem Motto, zum Beispiel „Kurzfilme für Kinder", Druckwerkstatt oder Fotostudio. Die Familiensonntage sind eine gute Gelegenheit, mit den Eltern durchs U zu streifen – schließlich ist es alleine wegen der tollen Aussicht oben und der wechselnden Ausstellungen einen Besuch wert. nd

Adresse Leonie-Reygers-Terrasse, Tel. 50-2 38 43, www.aufderuzwei.de und www.dortmunder-u.de; U-Turm geöffnet di/mi 11-18 Uhr, do/fr 11-20 Uhr, sa/so 11-18 Uhr **Anfahrt** U-Bahn 43/44 (Westentor) **Kosten** Kreativangebote zum Teil kostenfrei, andere Angebote wie Ferienaktionen gegen kleine Gebühren

094 Freischütz am Schwerter Wald

0-101

Im Ardeygebirge liegt direkt am Schwerter Wald eine Gastronomie, die bereits die Eltern der heutigen Kinder besucht haben - und ihre Groß- und Urgroßeltern. Im Sommer verwandelt sich der Freischütz für Kinder in einen Erlebnispark. Erbaut wurde das Traditionslokal mit dem heute denkmalgeschützten Festsaal ab 1900 im Jugendstil. Oma und Opa erinnern sich sicher noch an den Märchenwald, der in den 1960er-Jahren entstand. Die Attraktionen für Kinder sehen heute etwas anders aus: Es gibt einen Streichelzoo, Seilbahn und Kinderkarussell, Elektroautos und -bagger, Minigolf und Riesentrampolin, sogar Bumper Boats – das ist eine Art Autoscooter im Wasser. Langweilig wird es im Freischütz sicher nicht, eher schon gibt es Tränen, wenn's wieder nach Hause geht. Oder in den Wald: Direkt hinter dem Freischütz erstreckt sich der 1,6 Kilometer lange Naturerlebnispfad. An 16 Info- und Erlebnisstationen kann man das Ökosystem Wald mit allen Sinnen erkunden.

Während die Kinder spielen, machen es sich die Eltern im großzügigen Biergarten bequem und verzweifeln an der üppigen Auswahl an Speisen. Kinder bekommen eine eigene Kinderspeisekarte als Ma(h)lbuch, das sie auch mit nach Hause nehmen dürfen. Durch das Buch führt ein Teddy, der Rätsel, Ausmalbilder und die Geschichte des Lokals präsentiert. So wird den Kurzen auch im Winter, wenn die Erlebniswelt draußen geschlossen hat, die Zeit nicht zu lang.

Am Freischütz liegt auch ein Klettergarten, in dem man in bis zu 17 Metern Höhe von Baumwipfel zu Baumwipfel klettern kann. pin

Adresse Hörder Straße 131, Tel. 02304 / 98 29 90, www.freischuetz-schwerte.de **Anfahrt** Bus 430 und 435 (Freischütz); geöffnet di-sa 12-23 Uhr, so 12-18 Uhr. **Tipp** Eine 3,8 km lange, im nördlichen Teil auch für Kinderwagen geeignete Wanderstrecke durch den Schwerter Wald (Markierung: A1) beginnt auf dem Parkplatz gegenüber dem Freischütz. Beschreibung: http://bit.ly/ZiVTmM.

095 Gastronomie Eisenbarth am Volksgarten Lütgendortmund

0-101

Entspannt Essen gehen mit Kindern ist gar nicht so einfach. Gibt es einen Kinderteller? Und warum muss man eigentlich still sitzen und auf sein Essen warten? Nur damit die Gäste am Nachbartisch nicht die Nase rümpfen? Dass es auch anders geht, zeigt zum Beispiel das Restaurant Eisenbarth.

Direkt am Lütgendortmunder Volksgarten liegt das Familien-Restaurant. Familien-Restaurant zum einen, weil es vom Ehepaar Frank und Malika Eisenbarth betrieben wird und zum anderen, weil Familien hier wirklich willkommen sind. Das zeigt schon ein Blick auf die Karte. Es locken Gerichte wie Argentinisches Angus-Rumpsteak vom Grill oder Tagliatelle „al Salmone“ in Wodka-Hummer-Créme mit kanadischem Wildlachs für Mama und Papa. Das junge Publikum wählt aus eigenen Gerichten: zum Beispiel Chicken Nuggets „Donald Duck“ mit Pommes Rot-Weiß. Falls es beim Warten auf das Essen zu langweilig wird: Im Eisenbarth gibt es eine kleine Spielecke, ausgestattet mit Kuscheltieren und Spielzeug. Die Spielecke liegt nicht direkt im Gastraum, so dass andere Gäste nicht gestört werden.

Aber am besten ist es sowieso im Eisenbarth, wenn man gar nicht drinnen sitzen muss. Das Lokal ist bekannt für seinen schönen, großen Biergarten mit knorrigen, alten Bäumen, die im Sommer Schatten spenden. Über eine kleine Treppe geht es runter zur Freizeitanlage des Eisenbarths. Minigolf, Klettergerüst und Schaukel warten darauf, bespielt zu werden. Sonntags zwischen 14 und 18 Uhr gibt es sogar eine Kinderbetreuung, die ein Auge auf den Nachwuchs hat, während die Eltern sich entspannt im Biergarten zurücklehnen können. nd

Adresse Volksgartenstraße 61, Tel. 96 45 50 www.eisenbarth-gastronomie.de **Anfahrt** Bus 463 (Zweiwiedenstraße), geöffnet di-sa 11-23 Uhr, so 11-23 Uhr

096 Haus Overkamp

0-101

Günther Overkamp-Klein hat drei Kinder. Nicht zuletzt sie haben dafür gesorgt, dass das Traditionslokal auf dem Höchsten inzwischen ganz auf kleine Gäste eingestellt ist.

„Kann ich mal bei dir probieren?" Die typische Kinderfrage führte zur Einführung des „Räubertellers": Kinder bekommen Teller und Besteck – und dürfen bei den Eltern naschen. Die Speisekarte macht klare lokale Ansagen: Die Produkte kommen überwiegend aus der Region, und zwar in bester Qualität. Die Küche ist bodenständig, bietet aber auch Vegetariern und selbst Veganern Auswahl.

Kinder brauchen natürlich nicht nur zu „räubern". Es gibt es auch Kindergerichte, sogar eine eigene Kinder-Speisekarte, in der die Kleinen Menüs oder einzelne Gerichte auswählen können. Ist die Entscheidung getroffen, geht es je nach Wetter raus auf den großen Piratenspielplatz – oder ab in die Spielecke im Lokal. Dort gibt es auch Spielzeug, das die Kinder mit an den Tisch nehmen können, außerdem Malbücher und Stifte.

In unregelmäßigen Abständen bieten die Overkamps auch Kochkurse für Kinder an, oder sie erlauben einen Ausflug in die Restaurantküche. Wer sich dafür interessiert, fragt am besten telefonisch an.

Auch wenn das Essen überwiegend aus der Region kommt, die Gäste kommen auch von weiter her – denn das Gasthaus Overkamp ist eine Institution. Erstmals erwähnt wurde der Name Overkamp 1672: Damals durfte Johan Overkamp „auf' m Höchsten" seinen Kotten nebst Schmiede als Zollstation führen. pin

Adresse Am Ellberg 1 / Ecke Wittbräucker Str. 633, Tel. 46 27 36, www.overkamp-gastro.de, geöffnet mi-mo 9-23 Uhr **Anfahrt** Bus 432 (Lührmannstraße) oder Bus 433/434 (Höchsten)

097 Lokales im Kreuzviertel

0-101

Das „Lokales“ im Kreuzviertel ist eine gemütliche Gastronomie mit Platz und Nerven für Kinder. Mit Spielecke, leckeren Kindergerichten und einer selbstgemachten Brei-Auswahl ist das Café-Restaurant ein beliebter Treffpunkt für Familien.

Das „Lokales“ ist eine Insel der Entspannung auf der Lindemannstraße/Ecke Essener Straße, mitten im quirligen Kreuzviertel. Dort muss keine Mutter und kein Vater fürchten, dass der Kinderwagen zwischen eng stehenden Tischen verkeilt. Was nicht bedeutet, dass es in den modern gestalteten Räumen nicht auch mal eng wird. Das Lokales verfügt über einen Gastraum mit Theke und einen abgegrenzten Lounge-Bereich. Die Gäste können an Hochtischen Platz nehmen oder – im hinteren Bereich – an Tischen. Dort befindet sich eine eigens für Kinder eingerichtete Spielecke, wo die Kleinsten Kuscheltiere, Kinderküche oder Bücher finden.

Während die Kinder beschäftigt sind, haben die Eltern mehr Ruhe, zu essen. Das Lokales bietet eine reiche Auswahl an Suppen, Salaten und – immer wieder gerne genommen – herzhaften Pfannkuchen. Freitags lockt der Fisch-Mittagstisch, saisonale Lebensmittel werden bevorzugt. Vegetarier finden auch abseits der Salatkarte abwechslungsreiche Gerichte. Zum Beispiel Sellerieschnitzel oder panierten Chicorée. Den Hunger der kleinen Gäste, auf der Speisekarte liebevoll Prinzen und Prinzessinnen genannt, stillen die Köche des Lokales mit kleineren Portionen. Darunter die beliebten Pfannkuchen mit Nutella und Spaghetti mit Tomatensauce. Selbst Säuglinge können im Lokales herausfinden, wie das Essen auswärts schmeckt: Auf der Karte steht auch eine Brei-Auswahl. Apfel-Kürbis- oder Kartoffel-Karottenbrei mit Lachs (für Kinder ab 6 Monaten) werden frisch zubereitet. Von der üppigen Tortenauswahl dürften Groß und Klein begeistert sein. at

Adresse Essener Straße 24, Tel. 2 89 03 83, www.lokales-im-kreuzviertel.de **Anfahrt** U-Bahn 42 (Kreuzstraße) **Infos** geöffnet: di/mi/do ab 15 Uhr (Küchenzeit 15-22.30 Uhr) ,fr-so ab 10 Uhr (Küchenzeiten 12-22.30 Uhr, ab 10 Uhr Frühstück)

098 Mama Mia

0-101

In italienischen Familien ist der Nachwuchs oft König. Das ist in einem italienischen Ristorante nicht anders - schon gar nicht, wenn es von einer kompletten Familie geleitet wird wie das „Mama Mia“.

Bei „Mama Mia“ an der Chemnitzer Straße sind Kinder herzlich willkommen, das zeigt schon der erste Eindruck: Familie Di Dino hat neben der begrünten Terrasse eine Holzschaukel mit Rutsche aufgebaut. Im Restaurant, einem liebevoll umgebauten, historischen Fabrikgebäude, gibt es außerdem eine kleine Spielecke. Also ist auch bei Regen oder Kälte dafür gesorgt, dass den Kindern nicht langweilig wird.

Alle Gerichte auf der Karte gibt es als Kinderportionen, darüber hinaus aber auch eine spezielle Kinderkarte. „Für den Nachwuchs kochen wir eine besonders vitaminreiche Suppe – mit oder ohne Nudeln“, kann man dort etwa lesen. Die Kalbsschnitzel auf der Kinderkarte kommen mit frischem Gemüse daher, eben ganz wie bei Mama.

Für viele Familien ist der Sonntag bei „Mama Mia“ gesetzt. Dann lässt der Chefkoch den Nachwuchs auch einmal in die Küche schauen. In der Weihnachtszeit wird mit den Kindern Plätzchen gebacken.

Eine beliebte Adresse ist das Restaurant auch für Familienfeiern, etwa zum Schulanfang: Dann werden die Tische mit dem süßen Inhalt einer Schultüte üppig dekoriert, zur großen Begeisterung aller I-Männchen. pin

Adresse Chemnitzer Straße 38, Tel. 10 40 39, www.pizzeria-mama-mia.de, **Anfahrt** U-Bahn 41, 42, 45, 46, 47, 49 (Stadtgarten); geöffnet: mo-do 11.30-22.30 Uhr, fr/sa 11.30 bis 23.30 Uhr, so 12-22.30 Uhr **Tipp** Wie man Pasta richtig zubereitet, verraten die Di Dinos auf ihrer Webseite!

099 Schacht V

0-101

Nach einem Spaziergang mit Familie und Hund oder einer Radtour durch den Dortmunder Norden lohnt sich ein Besuch im Schacht V in Kemminghausen. Dort kann man bei schönem Wetter ein Bierchen oder eine Limo trinken und einen Happen essen. Der Biergarten unter dem denkmalgeschützten Türmchen eines ehemaligen Wetterschachts ist schon seit vielen Jahren ein besonderes Ausflugsziel – Streichelzoo inklusive.

Vor mehr als 20 Jahren hatten Werner und Angelika Böttger die Idee, aus dem alten Wetterschacht eine kleine Ausflugsgastronomie zu machen. Schacht V ist ein malerischer Turm im Dortmunder Stadtteil Kemminghausen. Oben im Turm gibt es ein kleines Café mit toller Aussicht, unten befindet sich ein Biergarten, traumhaft gelegen zwischen Feldern und Wiesen, ganz in der Nähe der Naturschutzgebiete Süggel und Grävingholz.

Früher ging es unter dem Türmchen fast 1000 Meter in die Tiefe. Der Wetterschacht sorgte bei den Bergarbeitern der Zeche Minister Stein für „besseres Wetter“, also für frische Luft unter Tage. Mittlerweile ist er außer Betrieb und leiht dem Gelände nur noch seinen Namen. Der Bergbau ist jedoch immer noch präsent am Schacht V, direkt im Vorgarten steht eine alte Lore. Aber nicht nur die Liebe zum Bergbau macht den Schacht V zu etwas Besonderem. Ein paar neugierige Ziegen schauen interessiert über den Weidezaun, Hühner, Enten und Gänse laufen umher, und die zwei gutmütigen Ponys der Familie Böttger kommen gerne, um sich über die Zottelmähne streicheln zu lassen. Auch ein bunter Spielplatz und ein kleiner Fuhrpark an Tretrollern sind für die kleinen Gäste vorhanden. Hier lässt es sich im Sonnenschein spielen und entspannen. nd

Adresse Am Beisenkamp 19, Tel. 89 00 45 **Anfahrt** Bus 411 (Kirchderne Friedhof), geöffnet di-fr 14-20 Uhr (oder bis es dunkel wird / keine Gäste mehr da sind), sa/so 11 Uhr bis es dunkel wird. Im Winter nur am Wochenende geöffnet **Tipp** Am besten vorher einmal anrufen, ob geöffnet ist.

100 Schürmanns im Park

Seit 2011 belebt die Gastronomie „Schürmanns im Park" den südlichen Teil des Westfalenparks. Frische Küche, kühle Getränke und ein übergroßer Sandkasten - hier werden Groß und Klein glücklich.

Auf der Karte finden sich ein Wiener Schnitzel ebenso wie ein Lachsfilet mit Parmesan-Risotto. Für Kinder gibt es eigene Gerichte: Fischstäbchen, Schnitzel, Chicken Nuggets oder Nudeln mit Tomatensauce. Zu jedem Kindergericht gibt es Rohkost-Sticks mit Quarkdip. Groß und Klein können außerdem aus mehreren leckeren Kuchen wählen, hergestellt von der Konditorei Schrader. Dazu gibt es einen Babyccino für die Kleinen. Genießen lässt sich das im geschmackvoll eingerichteten Innenbereich oder auf einer der Lounge-Couchs auf der großen Außenterrasse – wunderbarer Ausblick auf den Buschmühlenteich inklusive.

Buschmühle heißt das gesamte Areal in der südwestlichen Ecke des Westfalenparks. Direkt vor dem Schürmanns liegt der Seepavillon, der sich für Feierlichkeiten mieten lässt. Im und am Teich tummeln sich Enten, Gänse, große Fische und Schildkröten. Ein Stück weiter gibt es einen Paddel- und Tretbootverleih. Außerdem liegt eine Haltestelle der Kleinbahn ganz in der Nähe, die durch den ganzen Westfalenpark fährt.

Gleich hinter dem Schürmanns gibt es ebenfalls etwas zu entdecken: das historische Backhaus. Mehrmals in der Woche geht hier ein Bäcker am Steinofen seinem Handwerk nach und verkauft Brote und köstliche Blechkuchen.

In Sichtweite des Schürmanns, am Parkeingang Buschmühle, wartet mit dem „Spaten Garten" eine weitere Gastronomie. Mit Spaten-Bräu vom Fass und bayrischer Weißwurst geht es hier zünftig zu. ds

Adresse An der Buschmühle 100, Tel. 9 5 09 70 90; www.buschmuehle-dortmund.de **Anfahrt** U-Bahn 45/49 (Westfalenpark) **Kosten** Parkeintritt 3 Euro, ab 18 Uhr 1,50 Euro **Tipp** Mit der Buschmühlenkarte kann man bargeldlos in allen Gastronomien an der Buschmühle zahlen. Ab 50 Euro Aufladung gibt es 10 Prozent Guthaben gratis. Wer 150 Euro auflädt, bekommt eine Jahreskarte für den Westfalenpark im Wert von 34 Euro geschenkt.

101 Tante Amanda in Westerfilde

0-101

Tante Amanda ist ein Ausflugslokal, das mit seinem weitläufigen Biergarten mitten im Grünen Familien magnetisch anzieht. Auf dem Außengelände locken Spielplatz, Autoscooter und Tischminigolf.

Im Stadtteil Westerfilde, tief im Westen Dortmunds, liegt eines der größten und beliebtesten Ausflugslokale der Stadt. Inmitten von Feldern thront ein Fachwerk-Bauernhaus mit rotem Anbau, großer Sonnenterrasse und Biergarten: Tante Amanda. Ein kleines Freizeit-Paradies für Eltern und Kinder – kommen hier doch alle Generationen auf ihre Kosten.

Vor allem im Sommer nutzen Familien das weitläufige Gelände, um zu entspannen. Der Blick über die Wiesen und Felder ist gerade für Stadtmenschen ein Genuss. Während die Eltern es sich bei Currywurst und Pommes im Biergarten gemütlich machen, lassen sich die Kleinen schnell vom abwechslungsreichen Spielangebot begeistern. In Sichtweite ihrer Eltern können sie schaukeln, klettern, eines der Kinderautos besteigen oder sich im Tischminigolf versuchen.

Sollte das Wetter mal nicht mitspielen, geht es ins gemütliche Bauernhaus. Auch dort gibt es eine Spielecke, Malstifte liegen bereit.

Die Speisekarte von Tante Amanda bietet zwar keine speziellen Kindermenüs an, aber mit Chicken-Nuggets, Schnitzel und Pommes dürfte der Nachwuchs mehr als zufrieden sein. Die Großen finden auf der Karte des Restaurants neben traditionellen Gerichten wie Flammkuchen und Spareribs auch Doradenfilet, Wildkräutersalat oder Wasserbüffel-Filet. at

Adresse Mosselde 149, Tel. 37 22 30, www.tante-amanda.de **Anfahrt** U-Bahn 47 und S2 (Westerfilde), geöffnet: mo-so 12 bis 24 Uhr **Tipp** Nicht weit entfernt befindet sich das Wasserschloss Bodelschwingh (Schlossstraße 75). Es ist zwar nicht öffentlich zugänglich, aber einen Abstecher wert.

Autorinnen und Autoren

Matthias vom Büchel (vB), Jahrgang 1960, Redakteur und waschechter Dortmunder. Er hat die Angebote als Reporter für die Familienseite oder mit den eigenen Kindern getestet. Sein Favorit: Der Westfalenpark.

Niels Deuter (nd), Jahrgang 1983, lebt seit rund zehn Jahren in Dortmund. Sein Lieblingsort ist die Tribüne Südost: Hier sitzen ganze Generationen von BVB-Fans zusammen, und das mit tollem Ausblick auf die beste Stehplatztribüne der Welt.

Beate Dönnewald (Dön), Jahrgang 1968, gebürtige Dortmunderin und Redakteurin in der Stadtredaktion Dortmund der Ruhr Nachrichten. Dort ist sie unter anderem für die Familienseite verantwortlich. Mit ihrem Sohn (14) war sie viele Jahre in Dortmunds Kinderwelt unterwegs. Heute schauen sie sich gerne gemeinsam Jugendstücke im Kinder- und Jugendtheater Dortmund an.

Katrin Pinetzki (pin), Jahrgang 1975, freie Autorin und Dortmunderin seit 20 Jahren. Sie hat viele Orte und Angebote mit Tochter Heidi (6) getestet. Deren Favorit: das Big Tipi-Gelände im Fredenbaumpark.
Susanne Riese (rie),

Susanne Riese (rie), Jahrgang 1964, kennt die Stadt selbst von klein auf. Seit ihr Sohn auf der Welt ist, erkundet sie alle neuen und alten Orte, die für Kinder und Jugendliche interessant sind. Viele Anregungen dazu findet sie auch durch ihre Arbeit in der Lokalredaktion der Ruhr Nachrichten, wo sie das Ressort Bildung und Wissenschaft betreut.

Dirk Schäfer (ds), Jahrgang 1968, freier Journalist, Papa und Teilzeit-Mama von Tochter Nele. Die gibt ihm seit fünf Jahren vor, wo er seine Freizeit verbringt. Favoriten: Schultenhof und Westfalenpark.

Jana Schoo (joo), Jahrgang 1989, Redakteurin in der Stadtredaktion Dortmund der Ruhr Nachrichten. Lebt zwar erst seit drei Jahren in Dortmund, will hier aber nicht wieder weg. Sie hat schon als Kind die Ausflüge in den Westfalenpark, vor allem zum Robinson-Spielplatz, geliebt – und tut es immer noch.

Andreas Schröter (AS), Jahrgang 1963, Redakteur bei den Ruhr Nachrichten seit 1993, hat mit drei Töchtern viel Erfahrung in Sachen Kinderkram. Favorit: der Kinderkeller auf Zeche Zollern.

Alexandra Trudslev (at), Jahrgang 1974, freie Autorin und seit 14 Jahren Dortmunderin. Mit dem Ziel, weltbeste Tante zu werden, lockt sie ihre Nichten und Neffen regelmäßig in die Westfalenstadt. Bestes Lockangebot: Spielbogen am Westfalenpark.

Oliver Volmerich (Oli), Jahrgang 1966, Bergmannssohn aus der Alten Kolonie Eving. Diplom-Journalist und seit 1994 Redakteur in der Stadtredaktion Dortmund der Ruhr Nachrichten. Hier kümmert sich der Vater zweier Kinder um Kommunalpolitik, Stadtplanung, Stadtgeschichte und vieles andere, was die Stadt bewegt.

Bildnachweise

Dieter Menne (S. 13, 19, 21, 23, 29, 31, 37, 39, 43, 53, 55, 59, 61, 75, 81, 83, 87, 93, 109, 113, 129, 131, 133, 136, 143, 147, 155, 157, 159, 163, 165, 167, 173, 177, 181, 191, 199)
Stephan Schütze (S. 63, 65, 73, 97, 101, 115, 125, 145, 149, 151, 175, 179, 193)
Oliver Schaper (S. 67, 69, 79, 89, 103, 107, 135, 171, 185)
Katrin Pinetzki (S. 71, 99)
Peter Bandermann (S. 57, 123)
Dan Laryea (S. 199 unten)
Karim Laouari (S. 95)
Andreas Klinke (S. 127)
Nils Heimann (S. 183)
Kevin Kindel (S. 105)
S. Gass (S. 141, 153, 189)
Willi Plümer (S. 195)
Freischütz (S. 197)
Niels Deuter (S. 201, 205, 211)
Schürmanns (S. 209)
Thilo Kortmann (S. 203, 205)
Förderverein Bergbauhistorischer Stätten Ruhrrevier (S. 11)
Familie Weitkamp (S. 15)
RGB Dortmund 51 e.V. (S. 169)
Udo Wagener (S. 25)
Soccer-City-Center (S. 161)
Tilman Abegg (S. 27)
Andreas Schröter (S. 111)
Michael Handick (S. 119)
Fabian Paffendorf (S. 121)
ASC Aplerbeck (S. 117)
Petra Coddington (S. 48)
Märchenbühne Daria Nitschke (S. 51)
Ursula Kemper (S. 45)
Air Albatros / Hot Air Balloon (S. 77, 91)
Stiftung Industriedenkmalpflege und Geschichtskultur, Karlheinz Jardner (S. 47)
BEG Behler, Enker, Gasenzer (S. 17)
Klinikum Dortmund (S. 33
Peyman Azhari (S. 35)
Turbo Prop Theater (S. 41)
Intamin (S. 84)
Stefanie Kleemann/Stadt Dortmund (S. 186)
tree2tree GmbH (S. 138)

Impressum

1. Auflage November 2014
(Redaktionsschluss 1. November 2014)

Herausgeber und Verlag:
© Überblick Medien GmbH & Co. KG,
www.ueberblick.de

Redaktion:
Katrin Pinetzki

Satz, Layout, Umschlaggestaltung:
WDD Dr. Faltz, Stute & Partner GmbH

Druck und Bindung:
Hitzegrad Print Medien & Service GmbH, Dortmund,
www.hitzegrad.de

ISBN 978-3-95541-030-8

0 € kostenfrei

Gastronomie

Kindergeburtstag

0-101 Jahre

ab 6 Jahre

für Kinderwagen zugänglich